W0068198

Stephan Ackermann

GOTT
BLICKT UNS AN

Stephan Ackermann

GOTT
BLICKT UNS AN

Ein Begleiter für die
weihnachtliche Zeit

HERDER

FREIBURG · BASEL · WIEN

Inhalt

IM LICHT DES STERNS

Einladung

Es gibt wohl kein anderes christliches Fest, das so sehr im Spannungsfeld zwischen der Botschaft des Glaubens, einer enormen Gefühlsbeladenheit, echter Friedenssehnsucht und handfesten geschäftlichen Interessen steht wie das Weihnachtsfest. Deshalb wird es kritisiert und geliebt zugleich. Umso faszinierender ist es, dass seine Botschaft sich bis heute allen sentimentalen Verkitschungen und Vermarktungsversuchen gegenüber behauptet hat. Weihnachten ist »unverwüstlich« (Reinhard Marx).

Und doch ist es die bleibende Aufgabe der Verkündigung, aber auch der persönlichen gläubigen Auseinandersetzung, immer wieder zum Kern der Weihnachtsbotschaft vorzudringen. Er ist einfach und atemberaubend zugleich: Gott wird Mensch. Der Ewige kommt in die Zeit. Der Allmächtige nimmt die Grenzen menschlicher Existenz auf sich und teilt unser Schicksal.

Der vorliegende Band versammelt adventliche und weihnachtliche Texte, die zum größten Teil als Ansprachen entstanden sind. Sie nähern sich dem Geheimnis von Betlehem von unterschiedlichen Seiten, indem sie versuchen, aus dem Reichtum der biblischen Botschaft jeweils einzelne Aspekte hervorzuheben.

Dem Verlag Herder, vor allem seinem Lektor Dr. Ulrich Sander, bin ich dankbar für die Initiative zu diesem Buch sowie für die Auswahl und Zusammenstellung der Texte.

Ich würde mich freuen, wenn es den Leserinnen und Lesern bei der Lektüre so erginge wie bei der Betrachtung einer Krippenlandschaft, die einem lieb und vertraut ist: Mitunter geschieht es, dass man noch nach Jahren das ein oder andere Detail neu entdeckt; sei es, dass man vorher noch nie bewusst darauf geachtet hatte, sei es, dass der Krippenbauer die Aufstellung der Figuren ein wenig verändert hat und sich dadurch eine neue Perspektive auf das Ganze ergibt, die einem hilft, das Geheimnis von Weihnachten tiefer zu verstehen.

Vielleicht wird dabei sogar spürbar, dass im Blick auf die Krippe eigentlich wir selbst die Angeschauten sind, weil Gott uns anblickt im Kind von Betlehem.

Bischof Stephan Ackermann

Auf dem Weg

1 // Advent – Das Herz öffnen

Wenn es stimmt, dass der Advent in besonderer Weise eine Zeit der Erwartung ist, dann gehören Börsianer zu den adventlichsten Menschen unserer Tage. So habe ich schon manches Mal gedacht, wenn in den abendlichen Fernsehnachrichten vom Tag an der Börse berichtet wird. Es ist erstaunlich, wie viel an der Börse von Erwartungen abhängt: Gehen die Anleger davon aus, dass ein Unternehmen den richtigen Geschäftskurs eingeschlagen hat, klettert die Kurve nach oben. Erwartet man wirtschaftsunfreundliche Entscheidungen der Politik, sacken die Kurse ab. Spekulationen über Wirklichkeiten, die erst im Kommen sind, bilden die Grundlage für folgenreiche Entscheidungen. Leben im Vorgriff – das ist riskant: Wer mit seinen Erwartungen danebenliegt, erleidet Schiffbruch.

Nicht überall haben Erwartungen, die Menschen hegen, so gravierende Konsequenzen wie an der Börse. Dennoch leben wir alle nicht nur im Hier und Jetzt. Leben heißt immer auch: Leben in der Erwartung von künftigen Ereignissen. Über jemanden zu sagen, er habe nicht mehr viel zu erwarten, heißt, ihm das Todesurteil zu sprechen. Umgekehrt wissen wir, welche ungeahnten Kräfte eine positive Erwartung freizusetzen vermag: die Erwartung einer freundschaftlichen Begegnung, die Erwartung eines Festes, die Erwartung, ein gestecktes Ziel zu erreichen ... In der Erwartung spanne ich mich als Mensch aus in die Zukunft und gewinne daraus Spannkraft für mein Hier und Heute.

Freilich werden unsere Erwartungen nicht immer erfüllt. Die Erfahrung lehrt uns zurückzustecken, Jahr um Jahr, Zug um Zug. Doch Vorsicht: Allzu schnell setzt sich eine verhängnisvolle Abwärtsspirale in Gang, die lautet: Einmal in meinen Erwartungen enttäuscht, erwarte ich fortan weniger von Welt und Menschen. Je weniger ich aber erwarte, umso weniger wird auch möglich. Denn irgendwann fehlt es mir an der nötigen Offenheit, mit positiven Überraschungen zu rechnen. Am Ende bin ich selbst es, der die erfüllenden Erfahrungen verhindert, weil sie im Horizont meiner Erwartungen gar nicht mehr vorkommen.

Die biblischen Verheißungen der Advents- und Weihnachtszeit stemmen sich gegen eine solche Spirale der Entmutigung. Sie wollen den Kerker unseres geschrumpften Horizonts aufsprengen, indem sie die größten Erwartungen wecken, von denen wir Menschen nur träumen können: dass es Gott gibt; dass er einer von uns wird, weil er an uns persönlich interessiert ist; und dass er uns Wege zeigt, wie Gerechtigkeit und Friede für alle möglich werden.

Macht hoch die Tür, die Tor macht weit;
es kommt der Herr der Herrlichkeit,
ein König aller Königreich,
ein Heiland aller Welt zugleich,
der Heil und Leben mit sich bringt;
derhalben jauchzt, mit Freuden singt:
Gelobet sei mein Gott,
mein Schöpfer reich von Rat.

Er ist gerecht, ein Helfer wert;
Sanftmütigkeit ist sein Gefährt,
sein Königskron ist Heiligkeit,
sein Zepter ist Barmherzigkeit;
all unsre Not zum End er bringt,
derhalben jauchzt, mit Freuden singt:
Gelobet sei mein Gott,
mein Heiland groß von Tat.

O wohl dem Land, o wohl der Stadt,
so diesen König bei sich hat.
Wohl allen Herzen insgemein,
da dieser König ziehet ein.

Er ist die rechte Freudensonn,
bringt mit sich lauter Freud und Wonn.
Gelobet sei mein Gott,
mein Tröster früh und spat.

Macht hoch die Tür, die Tor macht weit,
eu'r Herz zum Tempel zubereit'.
Die Zweiglein der Gottseligkeit
steckt auf mit Andacht, Lust und Freud;
so kommt der König auch zu euch,
ja, Heil und Leben mit zugleich.
Gelobet sei mein Gott,
voll Rat, voll Tat, voll Gnad.

Komm, o mein Heiland Jesu Christ,
meins Herzens Tür dir offen ist.
Ach zieh mit deiner Gnade ein;
dein Freundlichkeit auch uns erschein.
Dein Heilger Geist uns führ und leit
den Weg zur ewgen Seligkeit.
Dem Namen dein, o Herr,
sei ewig Preis und Ehr.

Zu Beginn des 17. Jahrhunderts, mitten in den schreck-
lichen Wirren des Dreißigjährigen Krieges, hat der
evangelische Pfarrer *Georg Weissel* eines unserer be-

kanntesten Adventslieder gedichtet: *Macht hoch die Tür, die Tor macht weit.* Der Liedtext übernimmt das Motiv der Türöffnung aus Psalm 24. In ihm bitten gläubige Menschen darum, dass sich die massiven Tore des Jerusalemer Tempels öffnen, damit Gott in sein Haus einziehen kann.

> Ihr Tore, hebt euch nach oben,
> hebt euch, ihr uralten Pforten,
> denn es kommt der König der Herrlichkeit.
> Psalm 24,7

Macht hoch die Tür, die Tor macht weit – das klingt nach Sehnsucht, aber auch reichlich nach Anstrengung, nach Arbeit. Schwere Tore lassen sich in der Regel nur mit Mühe hochziehen oder aufdrücken. Wie viele Menschen haben den Eindruck: Der Advent ist eine Zeit besonderer Anstrengung. Wir wünschen uns zwar Ruhe, Besinnlichkeit und Kerzenschein. Wir sehnen uns nach Zeiten der Stille, des Gebetes, und hoffen, alle Vorbereitungen für das Weihnachtsfest rechtzeitig abzuschließen. In einem regelrechten Kraftakt – vergleichbar dem schweren Aufstoßen eines großen Hoftores – versuchen wir, all diese Ziele zu erreichen. Wir eilen dazu von Erledigung zu Erledigung, wollen vor den Weihnachtstagen die Arbeitsberge ab-

tragen, kaufen noch das letzte benötigte Geschenk ...
Am Ende aber sind viele müde und enttäuscht, weil
sich ihre eigentlichen Wünsche für den Advent nicht
erfüllt haben.

Verfolgt man den Text des bekannten Adventslie-
des weiter, spürt man, dass der Blick auf die Tür noch
einen anderen Sinn enthält: *Komm, o mein Heiland
Jesu Christ, meins Herzens Tür dir offen ist.* Die fünfte
Strophe verrät uns, dass es in erster Linie auf die kleine, mitunter klemmende, schwergängige Türe des
Herzens ankommt. Sie muss ich öffnen. Dann kann
der Herr einziehen, kann Weihnachten werden. Die
wirklich neue Perspektive kommt dabei von außen.
Sie kommt nicht durch unser Leistungsvermögen. Der
Advent wird nicht automatisch gut, weil wir ihn in gut
geplanten Zeiten der Stille und des Gebetes verbrin-
gen. Er ist nicht schon allein dadurch missglückt, dass
wir viel arbeiten und vorbereiten.

Denn Erlösung kann uns nur von außerhalb unserer selbst geschenkt werden.

Gerade deshalb bleibt der Advent eine Zeit des
Wartens und des Aushaltens, aber auch die Zeit der
Sehnsucht und der Hoffnung auf den Kommenden.
Wir müssen unsere Spannungen und Enttäuschun-
gen nicht wegdrängen, um »künstlich« Besinnung und
Wohlbefinden zu erzeugen. Vielmehr gilt es, in unse-

rer konkreten Wirklichkeit sensibel wahrzunehmen, wie nötig wir Jesu Kommen haben, wie sehr wir seine erlösende Gegenwart in unserem Leben brauchen.

2 // Johannes der Täufer: Die Zeichen verstehen

Es gibt einen Bericht, dass in Chicago einmal drei Männer aus Versehen in einem Kühlhaus eingeschlossen wurden. Die Türen ließen sich von innen nicht öffnen. Da die Männer keine Schutzkleidung trugen, wussten sie, dass sie keine Überlebenschance hatten, wenn in kurzer Zeit die Kühlaggregate ihre Arbeit aufnehmen würden. Am andern Morgen wurden sie gefunden, alle zeigten Erfrierungszeichen und waren tot. Das Erstaunliche war: An diesem Tag waren die Aggregate des Kühlhauses gar nicht eingeschaltet worden. Die Männer waren an der Angst vor dem Erfrieren gestorben.

Mir zeigt diese Notiz auf dramatische Weise, wie stark wir in unserem Leben von unseren eigenen Vorstellungen geprägt werden und von dem, was wir erwarten. Wir wissen aus eigener Erfahrung, wie positiv sich etwa eine Vorfreude über ein bevorstehendes Fest oder eine schöne Begegnung auf unsere Stimmung auswirkt. Wir wissen ebenso gut, wie kräftezehrend es sein kann, auf eine Prüfung zuzugehen, auf ein schwieriges Gespräch ... Nicht erst die Prüfung, nicht erst das Gespräch kostet Kraft, sondern schon die

Vorstellung davon. Nicht selten kostet sie sogar mehr Energie als das Ereignis selbst, und nachher stellt sich heraus, dass alles nur halb so schlimm war. Oder anders herum: Eine Vorfreude war größer als die Freude beim eigentlichen Ereignis selbst. Sagt nicht deshalb der Volksmund: »Vorfreude ist die schönste Freude«? Wir sehen: Erwartungen, die wir haben, können sich positiv auswirken, aber auch belastend, wenn das auch längst nicht immer so dramatisch aussieht wie bei den drei Männern im Kühlhaus.

Was erwarten wir im Advent? Die biblische Gestalt der adventlichen Erwartung ist Johannes der Täufer. Er ruft Israel, das Volk Gottes, zur Umkehr und hält die Erwartung lebendig, dass Gott zum Gericht kommen wird. Kraftvoll tritt er auf, kündigt das Kommen des Messias an und redet den Leuten ins Gewissen. Aber am Ende sitzt er im Gefängnis, isoliert, von der Welt und seinen Anhängern abgeschnitten und von Zweifeln geschüttelt, ob er mit seiner Botschaft nicht daneben gelegen, ob er nicht Kopf und Kragen umsonst riskiert hat.

> Johannes hörte im Gefängnis von den Taten Christi. Da schickte er seine Jünger zu ihm und ließ ihn fragen: Bist du der, der kommen soll, oder müssen wir auf einen anderen warten? Jesus antwortete ihnen: Geht

und berichtet Johannes, was ihr hört und seht: Blinde sehen wieder und Lahme gehen; Aussätzige werden rein und Taube hören; Tote stehen auf und den Armen wird das Evangelium verkündet. Selig ist, wer an mir keinen Anstoß nimmt.

Matthäus 11,2–6

Die Erzählung aus dem Evangelium ist ein Beispiel dafür, wie stark eine Erwartung sein kann und welche Enttäuschung sich einstellt, wenn sie durchkreuzt wird. Offensichtlich hatte Johannes der Täufer sich den kommenden Messias Israels ganz anders vorgestellt: als starken Mann, der richtet, der die Axt anlegt an das, was faul und morsch ist im Volk, und der feurig auftritt, um Israel, das unter der Herrschaft der Römer geknechtet war, wiederherzustellen. Johannes hatte den Messias verkündet, und gekommen war Jesus, sein Verwandter, der sich überraschend anders verhält, der nicht einfach klar Schiff macht ... Massiv sind Bilder und Erwartungen des Täufers durchkreuzt. Das Ergebnis heißt Depression.

Eine kleine Erzählung aus der Tradition der osteuropäischen Juden macht deutlich, welche Erwartungen gläubige Juden durch die Zeiten hindurch mit dem Kommen des Messias verbinden:

Die Schüler brachten aufgeregt ihrem Rabbi die Nachricht: »Der Messias ist gekommen!« Der Rabbi stand auf, ging ans Fenster, blickte auf die Straße, kam zurück und setzte sich wieder hin. »Was ist nun? Was sollen wir tun?«, fragten die Schüler. »Nichts sollt ihr tun, weiterlernen sollt ihr«, sagte der Rabbi. »Wie kann der Messias gekommen sein, wenn nichts in der Welt sich geändert hat?«

Trifft uns diese Geschichte nicht ins Mark? Lebt in uns nicht auch die geheime oder offene Erwartung, dass Gott seine Macht zeigt? Haben nicht viele Menschen es deshalb so schwer mit dem Glauben, weil sie sich daran stoßen, dass man von der Wirkung so wenig sieht, weil sie sich wünschen, dass Gott – wenn es ihn denn gibt – klarer seine Existenz beweist, dass er es einmal richtig »krachen« lässt, sodass niemand mehr an ihm vorbei kann … »Wenn er doch dem Unrecht mehr Einhalt gebieten würde, wenn er die Verbrecher dahinraffen würde; wenn er die, die an ihn glauben, nur wirksamer beschützen würde vor Unglück und Krankheit, dann wollten wir schon glauben …«

Wir spüren, dass uns die Wünsche und Erwartungen des Johannes sowie der Zeitgenossen Jesu nicht so fremd sind. Im gleichen Atemzug aber fühlen wir auch, dass wir mit unseren Wunschvorstellungen nicht weiterkommen. Denn das Resultat würde unweigerlich in zwei Richtungen führen: Entweder würde Gott zu unserer Marionette, die wir nach Bedarf einsetzen, deren Macht wir auf Wunsch und nach unseren Vorstellungen »mit dem Zauberstab« herbeirufen könnten. Oder wir wären umgekehrt seine Marionetten, komplett seiner Macht ausgeliefert, mit der er bestimmt, in welche Richtung es zu gehen hat. Eine unangenehme Vorstellung, auch wenn sie noch so edlen Zwecken dienen würde.

Deshalb besteht die Herausforderung des Glaubens darin, unsere Bilder und Vorstellungen, die wir uns machen, immer wieder überprüfen zu lassen. »Du sollst dir kein Gottesbild machen«, heißt es nicht umsonst im ersten der Zehn Gebote (Exodus 20,4). Wir aber machen uns immer wieder Bilder: von Gott, unseren Mitmenschen, den Situationen, in die wir hineingestellt sind. Ohne Bilder könnten wir gar nicht leben. Doch wir müssen sie immer wieder von der Wirklichkeit korrigieren lassen, damit wir nicht in die Irre gehen und den anderen nicht Gewalt antun.

Die Methode dazu heißt: Macht Augen und Ohren auf! Nichts anderes sagt Jesus seinen Zuhörern, den Jüngern des Johannes, als sie ihm die Frage überbringen: Bist du der, der kommen soll oder müssen wir auf einen anderen warten?: Macht Augen und Ohren auf. Berichtet, was ihr seht und hört: Es sind die Erkennungszeichen des Messias: Blinde sehen, Lahme gehen ... auch wenn sein Auftreten ansonsten nicht eurer Erwartung entspricht.

Es sind die Zeichen der versprochenen messianischen Heilszeit. Doch diese Zeit kommt nicht als ein einmalig-gewaltiges Ereignis daher, das mit Macht überwältigt, die alte Welt im Feuer verbrennen lässt und die Menschen zur Anerkennung Gottes zwingt. So hatte Johannes der Täufer sich das vorgestellt. Aber Gottes Weg ist ein anderer. Er will die Menschen nicht mit Gewalt in die Knie zwingen.

Nicht erst der Untergang der alten Welt und die neue Schöpfung von Himmel und Erde bringen das Heil. Nein, mitten in der Geschichte schon bricht das Reich Gottes an: wie das Senfkorn und der Sauerteig, die sich allmählich, aber wirksam durchsetzen. Es gilt, die Spuren, die Zeichen dieses Reiches in dieser Welt zu entdecken. Wer mit wachen Augen und Ohren durch diese Welt geht, kann sie – sagt Jesus – sehen und hören. Deuten muss der Einzelne sie aber für sich selbst.

Damit erteilt Jesus unseren menschlichen Allmachtsfantasien eine klare Absage. Wie oft wünschten wir uns wie Johannes, dass Gott seine Macht unübersehbar mit feurigen Zeichen zeigte, damit die

Menschen klarer sähen, wo es lang geht; und damit wir klarer sähen, dass wir uns nicht täuschen, mit unserem Glauben nicht aufs falsche Pferd gesetzt haben. Doch nichts dergleichen. Gott wählt den Weg der Zeichen, der »leisen Wunder« (Hans Urs von Balthasar), die Raum zur Freiheit und zur Entscheidung lassen. Ja, er nimmt sich so sehr zurück, dass wir in der Gefahr stehen, »Anstoß zu nehmen« (Matthäus 11,6) und Gott Vorhaltungen zu machen.

»Blinde sehen wieder und Lahme gehen; Aussätzige werden rein und Taube hören ...« Mit Hilfe des Geistes Gottes in mir kann ich entdecken, dass ich vielleicht selbst *blind* war für bestimmte Seiten der Wirklichkeit oder anderer Menschen, aber nun sehe ich sie. Ich kann entdecken, dass ich vielleicht selbst – obwohl körperlich gesund – in einer *Lebenslähmung* gefangen war, und darf nun erleben, dass sie sich lockert. Ich kann möglicherweise entdecken, dass ich mich selbst wie ein *Aussätziger* gefühlt habe und nun die Erfahrung machen darf, wieder dazuzugehören.

Die Zeichen des Messias verstehen: Dazu gehört auch der Mut, die vorgefassten Bilder von Gott, von der Kirche und von der Welt durchkreuzen zu lassen, um empfänglicher zu werden für die ganze Wirklichkeit des Lebens.

Gott kennt uns besser als wir selbst uns kennen. Er weiß, dass wir Menschen letztlich und dauerhaft nur durch die Zustimmung unseres Herzens gewonnen werden können, nicht durch Gewalt. Denn diese bewirkt Furcht, bestenfalls äußerlichen Respekt, aber keinen Glauben und kein Vertrauen. Das gilt schon für die Beziehung zwischen uns Menschen. Es gilt auch für unsere Beziehung zu Gott.

Auch wenn also die Methode Jesu anders ist, als der Täufer sie sich vorgestellt und verkündigt hatte, so ist sie doch nichts Weichliches oder Harmloses. Sie trägt vielmehr ihre Macht in sich. Am Ende wird es darauf ankommen, ob wir uns für ihn entschieden haben; ob wir willens waren, die Zeichen, die er uns gab, zu verstehen. Darin besteht unsere Verantwortung, darin auch der Ernst der Botschaft Jesu.

An anderer Stelle der Bibel bringt es das Johannesevangelium so auf den Punkt: »Wer an ihn [den Menschensohn] glaubt, wird nicht gerichtet; wer nicht glaubt, ist schon gerichtet, weil er [...] nicht geglaubt hat« (Johannes 3,18). Keine uns äußerliche Macht wird am Ende die Axt gegen uns schwingen. Vielmehr findet das Gericht in uns selbst statt.

Ermutigend sind da für mich immer wieder die Worte, die der Jesuitenpater *Alfred Delp* gefunden hat, nicht aus dem wohligen Wohnzimmer heraus, sondern selbst – wie der Täufer – in Haft und mit dem Tod bedroht. In einem seiner Briefe, den gewaltsamen Tod durch die Nazischergen vor Augen, schreibt er:

> Diese Woche war in vieler Hinsicht sehr bewegt. Drei von uns sind den Weg gegangen, der als bittere Möglichkeit vor uns allen steht und von dem uns nur Gottes Wunder trennen und bewahren können. Innerlich habe ich viel mit dem Herrgott zu tun und zu fragen und dranzugeben.
>
> Das eine ist mir so klar und spürbar wie selten: die Welt ist Gottes so voll. Aus allen Poren der Dinge quillt er gleichsam uns entgegen. Wir aber sind oft blind. Wir bleiben in den schönen und in den bösen Stunden hängen und erleben sie nicht durch bis an den Brunnenpunkt, an dem sie aus Gott herausströmen. Das gilt [...] für alles Schöne und auch für das Elend. In allem will Gott Begegnung feiern und fragt und will die anbetende, hingebende Antwort.

3 // Maria: Den Ruf hören

Den Horizont über unseren engen persönlichen Erwartungshorizont hinaus zu weiten und sich einzugestehen, dass wir auf Erlösung angewiesen sind, auf die »leisen Wunder« Gottes: Das steht quer zu den Erwartungen, die an uns gerichtet werden: Wir leben in einer Kultur und Gesellschaft, die stark von der Perfektion des Machbaren gezeichnet ist. Abläufe sollen möglichst sofort und reibungslos funktionieren, Maschinen müssen fehlerfrei laufen, Produkte werden strengen Qualitätskontrollen unterworfen. Aber nicht nur die Dinge sollen perfekt sein, auch die Menschen: Der perfekte Gastgeber ist gewünscht, die perfekte Figur, der perfekte Urlaub, das perfekte Weihnachtsfest.

Der Wunsch nach Qualität, die möglichst spitze sein soll, ist offensichtlich tief in uns Menschen eingepflanzt. Und reiht sich nicht das Evangelium in diese Anforderungsliste ein, wenn Jesus den Jüngern in der Bergpredigt nahelegt: »Seid vollkommen, wie es auch euer himmlischer Vater ist« (Matthäus 5,48)? Christen sollen vollkommen sein wie Gott! Ist mit diesem Auftrag nicht die totale Überforderung vorprogrammiert?

In der Tat wäre es so, wenn christliche Vollkommenheit in demselben Sinn zu verstehen wäre, wie wir landläufig Perfektion verstehen und wie sie übrigens auch in vielen Religionen verstanden wird: Perfektion als ein Weg des kontinuierlichen Aufstiegs, den man aus eigener Anstrengung des Willens und mit Hilfe entsprechender Übung geht.

Die Adventszeit stellt uns als Gegenbild Maria vor Augen: Das Mädchen in Nazaret, dem der Engel erscheint und die unfassliche Botschaft verkündet, dass Gott selbst in ihrem Sohn Menschengestalt annehmen will. »Sei gegrüßt, du Begnadete, der Herr ist mit dir ... Fürchte dich nicht, Maria, denn du hast bei Gott Gnade gefunden« (Lukas 1,28.30).

Maria ist die vollkommen von Gott Beschenkte und Begabte, nicht erst in dem Augenblick, als der Engel in ihr Leben tritt, um ihr die Botschaft zu überbringen, sondern schon vom ersten Augenblick ihrer Existenz an. Deshalb konnte sie zum Urbild der Kirche, zum Vorbild aller Glaubenden, zur Mutter Gottes und Mutter aller Christen werden. Christliche Vollkommenheit ist vor aller eigenen Anstrengung und Leistung Gabe und Geschenk Gottes.

Das bedeutet nicht, dass für ein gelungenes und in diesem Sinn vollkommenes christliches Leben Begriffe wie Entscheidung, Anstrengung, Ausdauer, Disziplin und Treue keine Rolle spielen würden. Es ist durchaus nicht so, als ob dem Begnadeten alles einfach in den Schoß fallen würde. Es braucht selbstverständlich auch den persönlichen Einsatz. Es gibt die Fragen, das Ringen und den Schmerz auch bei Maria, sogar bei Jesus selbst. Doch der Ausgangspunkt für den Einsatz der Kräfte liegt nicht beim Menschen, sondern bei Gott.

> In Christus hat Gott uns erwählt vor der Erschaffung der Welt, damit wir heilig und untadelig leben vor Gott. Er hat uns aus Liebe im Voraus dazu bestimmt, seine Söhne und Töchter zu werden durch Jesus Christus und nach seinem gnädigen Willen zu ihm zu gelangen, zum Lob seiner herrlichen Gnade.
> Epheser 1,4–6

Der adventliche Blick auf Maria lässt uns neu verstehen: Der Weg des Christen ist zuerst und vor allem Erwählung, nicht eigene Wahl. Er ist nicht eigene Idee, sondern Antwort auf den Ruf Gottes. Deshalb kommt es darauf an, aufmerksam zu sein für den Auftrag, den Gott für mein Leben bereithält im Großen wie im Kleinen. Der Advent will uns daran erinnern. Das ist gut so. Denn diese Erinnerung bewirkt in uns Gelassenheit ebenso wie Sinn für Verantwortung. Die Gelassenheit entspringt der Einsicht, dass nicht alles von meinen

Kräften abhängt. Der Sinn für Verantwortung besteht in der Sensibilität dafür, wie angestrengt das Streben nach Perfektion heutzutage oft wirkt und wie leicht es Menschen deformiert, ja körperlich und seelisch regelrecht krank macht. Die Einsicht des Glaubens, dass Gottes Gnade und Ruf all unserem Tun vorausgehen, befreit uns dagegen, wenn wir sie bewusst und dankbar annehmen, zu unseren besten Möglichkeiten und Kräften.

4// Josef: Das Geheimnis achten

Gott hat sein persönliches Geheimnis mit jedem Menschen, das wir miteinander teilen können, das es aber auch zu ehren und zu achten gilt. Denn wir haben eine gefährliche Neigung, uns ein Bild von unseren Mitmenschen zu machen, das wir zu selten infrage stellen und von der Wirklichkeit korrigieren lassen, weil wir viel zu sehr von der Richtigkeit unserer eigenen Einschätzung überzeugt sind.

> Mit der Geburt Jesu Christi war es so: Maria, seine Mutter, war mit Josef verlobt; noch bevor sie zusammengekommen waren, zeigte sich, dass sie ein Kind erwartete – durch das Wirken des Heiligen Geistes. Josef, ihr Mann, der gerecht war und sie nicht bloßstellen wollte, beschloss, sich in aller Stille von ihr zu trennen.
>
> Matthäus 1,18–19

Warum haben die beiden nicht miteinander darüber geredet? Sie hatten doch beide ein gutes Gewissen: Josef, der in allem gerecht war, und Maria, die wusste, dass sie ihrem Verlobten nicht untreu geworden war. Warum haben sie nicht über das geredet, was sich zwischen die beiden geschoben hat? Und was heißt »sich in aller Stille trennen«, in einem Ort wie Nazaret, wo sicher nichts verborgen bleibt? Warum also haben sie nicht miteinander gesprochen?

Vielleicht denken Sie nun: Das sind die Vorstellungen und die Ideale eines zölibatär lebenden Bischofs; von jemandem, der nicht in der Ehe lebt. Als wenn man über alles gleich so einfach reden könnte! Selbst da, wo man sich nichts verheimlichen will, kann es schwer oder gar unmöglich sein, über etwas zu reden. Es gibt Dinge, die in einem vorgehen, von denen der andere merkt, dass sie geschehen, und die man doch nicht in Worte fassen kann, weil man selbst noch nicht weiß, was eigentlich los ist, was einen unruhig macht, umtreibt.

Wahrscheinlich ist es bei Josef und Maria so gewesen, jeder war mit seinen Gedanken allein. Josef aber reagiert nicht kurzschlüssig, stellt keine »Fangfragen«, denkt nach und schläft darüber. Er respektiert Maria und ihre Würde, was nicht selbstverständlich ist. Das ist ein entscheidendes Stichwort, das uns das Evangelium mitgibt: das Geheimnis des anderen Menschen zu respektieren.

Der Schweizer Romanautor *Max Frisch* hat das bibli-sche Gebot »Du sollst dir kein Bildnis (von Gott) ma-chen« auf uns Menschen angewendet, besonders auf Menschen, die sich lieben. Wie oft erliegen wir der Ver-suchung, uns nicht nur ein Bild von Gott zu machen, sondern von Menschen. Wir wollen nicht begreifen, dass er oder sie der oder die andere ist und bleibt, die mir nicht zur Verfügung steht. Immer wieder stehen wir in der Gefahr, Menschen so zu formen, wie wir sie gerne hätten. Wir glauben, ihn/sie durch und durch zu kennen, wissen, wie er/sie reagiert, trauen ihm oder ihr keine überraschenden Wendungen und Situatio-nen zu. Dann aber haben wir jemanden nach unserem Bild geschnitzt, ihn in ein System gepresst.

Aber jeder und jede ist ein Geheimnis, das mir nicht einfach zur Verfügung steht. Das habe ich zu respek-tieren, und stehe er mir noch so nahe, sei er der von mir geliebte Mensch, sei er Kind von meinem eigenen Fleisch und Blut; sei er verwirrt und in allem hilfs- und pflegebedürftig, ein Mensch, der sich nicht mehr selbst vorstehen kann.

Und noch ein Zweites sagt uns das Evangelium: Nach dem Verständnis unseres Glaubens ist es nicht bloß eine zufällige Spiellaune der Natur, dass jeder anders ist, sondern dahinter steht die biblische Erfah-rung, dass Gott sein Geheimnis mit jedem Menschen hat. Ein Geheimnis, das zu respektieren ist, das wir nicht antasten dürfen. Es ist wie mit einer Blüte, die man zerstören würde, wenn man die Knospe gewaltsam öffnete.

Josef hat das Geheimnis respektiert. Weil er Ehrfurcht hatte vor dem Menschen, der Frau, Maria, war es möglich, dass in ihr das Geheimnis der Liebe Gottes Mensch werden konnte. Josef hat seinen Teil daran, dass dafür der Raum eröffnet wurde; weil er gewartet hat, konnte sich zeigen, was das Geheimnis Marias war. Was wäre gewesen, wenn Josef auf seinem »guten« Recht beharrt hätte, rechthaberisch gewesen wäre? Wer weiß, welchen Verlauf der Plan der Erlösung genommen hätte, ob es Weihnachten gegeben hätte.

Weihnachten schenkt uns die Chance, neu über das unauslotbare Geheimnis Gottes zu staunen: über den Gott, der so menschlich sich zeigt, den wir kennen, von dem wir durch Jesu Worte und Taten wissen, wie er denkt und fühlt und der doch viel größer und anders bleiben wird, so dass wir uns kein fertiges Bild von ihm machen können.

Die kommenden Tage sind auch Tage, in denen wir uns in unseren Beziehungen und Familien intensiver erleben: Jeder kann sich fragen, ob er genug das Geheimnis der jeweils anderen respektiert, oder ob ich ihm/ihr gar keine Chance gebe, aus dem Bild herauszukommen, das ich mir zurechtgelegt habe. Die Gnade von Weihnachten könnte gerade darin bestehen, wieder neu ehrfurchtsvoll mit den mir Nahestehenden umzugehen und staunend das Geheimnis zu entdecken, das Gott mit jedem Einzelnen von uns hat, und dass jeder unverwechselbar ist.

5// Elisabet: Einander stärken

Wer sensibel wird für Gottes Ruf und Gottes Geheimnis mit dem eigenen Leben, schließt sich nicht in sich selbst ein. Wenn man dem Erzählstrang des Evangelisten Lukas folgt, bricht Maria unmittelbar nach der Begegnung mit dem Engel auf. Durch ihn hat sie davon gehört, dass ihre Verwandte Elisabet, die kinderlos war und als unfruchtbar galt, noch in ihrem hohen Alter schwanger geworden ist. So macht sich Maria auf den Weg und verlässt Nazaret:

> Nach einigen Tagen machte sich Maria auf den Weg und eilte in eine Stadt im Bergland von Judäa. Sie ging in das Haus des Zacharias und begrüßte Elisabet. Als Elisabet den Gruß Marias hörte, hüpfte das Kind in ihrem Leib. Da wurde Elisabet vom Heiligen Geist erfüllt.
> Lukas 1,39–41

Eine menschliche Situation: Zwei schwangere Frauen, die sich beide durch die ungewöhnlichen Umstände ihrer Schwangerschaft in einer auch gesellschaftlich außerordentlichen Situation befinden, suchen die gegenseitige Nähe. Nach den Zeitangaben des Lukas bleibt

Maria bei Elisabet bis zur Geburt ihres Sohnes Johannes. Aber es ist nicht nur ein Bericht verwandtschaftlicher Solidarität zwischen zwei Frauen, es geht auch um den Glauben. Zwei Glaubende begegnen sich und teilen einander mit, was sie bewegt. Beide erfahren in ihrem eigenen Leib und Leben, dass Gott existiert und dass er wirkt, und sie wollen damit nicht allein bleiben.

Maria ist es, die gewissermaßen den ersten Schritt tut und Elisabet aufsucht. In der Begegnung ist es dann Elisabet, die »vom Heiligen Geist erfüllt« bekennt, dass sie in Maria Gott am Werk sieht: »Selig ist die, die geglaubt hat, dass sich erfüllt, was der Herr ihr sagen ließ« (Lukas 1,45). Unmittelbar im Anschluss folgt dann der Jubel Marias, das *Magnificat*: »Meine Seele preist die Größe des Herrn ... Denn der Mächtige hat Großes an mir getan« (1,46–49).

Die biblische Erzählung zeigt eine Grundwahrheit unseres Glaubens: Die Frucht des Glaubens wächst nur dann in uns, wenn wir bereit sind, den Glauben einander zu zeigen und uns dadurch im Glauben stärken zu lassen. Wer mit seinem Glauben in der Tiefe allein bleibt, dessen Glaube kann nicht wachsen und sich entfalten, dessen Glaube wird auch nicht erwachsen.

Ich erinnere mich an meinen ersten Besuch bei einem Facharzt: Wie das so ist, wenn man das erste Mal zu einem Arzt geht: Man muss Personalangaben machen: Name, Alter, Krankenkasse, Beruf ... Wenn ich dann meinen Beruf nenne, ist das immer ein kleines Bekenntnis, und oft reagiert das Gegenüber darauf, einen katholischen Geistlichen vor sich zu haben. Ich gebe es offen zu: Nicht immer bin ich innerlich dazu aufgelegt, in dieser Situation ein Gespräch über Kirche und Glauben anzufangen. Nach der Untersuchung geschah für mich das wirklich Erstaunliche: Der Arzt nahm meine Berufsbezeichnung zum Anlass, von sich zu erzählen: was ihm die Kirche bedeute, welche Priester ihn beeindruckt und geprägt hätten. Es war ihm eine echte Begeisterung anzumerken, mit der ich nicht gerechnet hätte. Und auf einmal war auch Zeit für ein kurzes Gespräch da.

Hat das nicht mit dem zu tun, was zwischen Maria und Elisabet vorging? Jemand (in diesem Fall ich – eher unwillentlich) zeigt etwas von seinem Glauben und ermutigt damit einen anderen, von sich zu erzählen.

Ich erinnere mich auch an ein Taufgespräch, das ich während meiner Zeit als Kaplan führte. Ich war bei einem Paar, das bereits einige Jahre verheiratet war und nun das erste Kind bekommen hatte. Unter anderem ging es auch um die Frage, wie die Eltern ihr Kind wohl ans Beten heranführen würden. Es war uns klar, dass dies nicht unabhängig davon sein kann, wie die Eltern selbst zum Gebet stehen, ob sie das Gebet pflegen. Das von zu Hause übernommene Tischgebet würden sie in der Regel beten … Und dann sagte der Mann: »Ich bete auch persönlich abends im Bett vor dem Einschlafen.« Darauf die Frau: »Wie, du betest abends? Das wusste ich ja gar nicht. Ich mache das auch!«

Mich hat die Begebenheit nachdenklich gemacht: Offensichtlich ist das Gebet etwas so Persönliches und Intimes, dass unter Umständen nicht einmal Eheleute darüber sprechen möchten oder können.

Die beiden wurden in ihrem Glauben unerwartet durch das Taufgespräch gestärkt; nicht so sehr durch das, was ich damals gesagt habe, sondern was sie sich selbst gegenseitig gesagt und damit bezeugt haben.

Gott hat sein persönliches Geheimnis mit jedem Menschen, besonders mit jedem Glaubenden, mit jedem von uns, auch dann wenn wir es selbst gar nicht so wahrnehmen. Aber es ist glaubens-lebenswichtig, dass wir es nicht vergraben, uns dessen nicht schämen, und mag es uns noch so klein und bescheiden vorkommen. Meine Erfahrung ist: Wenn ich meinen Glauben zeige, dann wird das auch anderen Glaubenden Mut machen, ihren Glauben zu bekennen, etwas von dem zu zeigen, was sie bewegt. Und dann werden wir die erstaunliche und wunderbare Erfahrung machen, dass der Glaube nicht geringer wird, sondern wächst.

An der Krippe

. . . .

Das Weihnachtsevangelium
nach Lukas

In jenen Tagen erließ Kaiser Augustus den Befehl, alle Bewohner des Reiches in Steuerlisten einzutragen. Dies geschah zum ersten Mal; damals war Quirinius Statthalter von Syrien. Da ging jeder in seine Stadt, um sich eintragen zu lassen. So zog auch Josef von der Stadt Nazaret in Galiläa hinauf nach Judäa in die Stadt Davids, die Betlehem heißt; denn er war aus dem Haus und Geschlecht Davids. Er wollte sich eintragen lassen mit Maria, seiner Verlobten, die ein Kind erwartete. Als sie dort waren, kam für Maria die Zeit ihrer Niederkunft, und sie gebar ihren Sohn, den Erstgeborenen. Sie wickelte ihn in Windeln und legte ihn in eine Krippe, weil in der Herberge kein Platz für sie war.

In jener Gegend lagerten Hirten auf freiem Feld und hielten Nachtwache bei ihrer Herde. Da trat der Engel des Herrn zu ihnen und der Glanz des Herrn umstrahlte sie. Sie fürchteten sich sehr; der Engel aber sagte zu ihnen: Fürchtet euch nicht, denn ich verkünde euch eine große Freude, die dem ganzen Volk zuteil werden soll: Heute ist euch in der Stadt Davids der Retter geboren; er ist der Messias, der Herr. Und das soll euch als Zeichen dienen:

Ihr werdet ein Kind finden, das, in Windeln gewickelt, in einer Krippe liegt. Und plötzlich war bei dem Engel ein großes himmlisches Heer, das Gott lobte und sprach: Verherrlicht ist Gott in der Höhe und auf Erden ist Friede bei den Menschen seiner Gnade. Als die Engel sie verlassen hatten und in den Himmel zurückgekehrt waren, sagten die Hirten zueinander: Kommt, wir gehen nach Betlehem, um das Ereignis zu sehen, das uns der Herr verkünden ließ. So eilten sie hin und fanden Maria und Josef und das Kind, das in der Krippe lag. Als sie es sahen, erzählten sie, was ihnen über dieses Kind gesagt worden war. Und alle, die es hörten, staunten über die Worte der Hirten. Maria aber bewahrte alles, was geschehen war, in ihrem Herzen und dachte darüber nach. Die Hirten kehrten zurück, rühmten Gott und priesen ihn für das, was sie gehört und gesehen hatten; denn alles war so gewesen, wie es ihnen gesagt worden war. Als acht Tage vorüber waren und das Kind beschnitten werden sollte, gab man ihm den Namen Jesus, den der Engel genannt hatte, noch ehe das Kind im Schoß seiner Mutter empfangen wurde.

Lukas 2,1–21

6// Weihnachten: Gott blickt uns an

Warum zieht uns diese alte, schon so oft gehörte Erzählung des Evangelisten Lukas bis heute an – trotz aller Verkitschungen, die die Frömmigkeitsgeschichte hervorgebracht hat, trotz aller Übermalungen, trotz ihrer gigantischen Vermarktung? Ich glaube, es sind vor allem drei Gründe, die dabei eine Rolle spielen:

Zum einen: *Die Botschaft der Heiligen Nacht macht keine Angst:* Das Kind in der Krippe ist ein königliches Kind, »seine Herrschaft ist groß«, prophezeit Jesaja, aber dieses Königskind kommt eben nicht in dröhnenden Militärstiefeln daher (Jesaja 9,4.6), sondern liegt auf einem Bett aus Stroh, wehrlos, offen, durch keinen Hofstaat abgeschirmt.

Zum andern: *Die Botschaft der Heiligen Nacht ist einfach.* Sie ist im wahrsten Sinne des Wortes kinderleicht. Um zu verstehen, was von der Nacht in Betlehem berichtet wird, braucht man nicht erst studiert zu haben. Es ist ein Vorgang, der auf unserer Erde heute mehr als 150-mal pro Minute vorkommt, allzu oft leider auch heute noch unter ähnlich schwierigen Bedingungen: Menschen sind auf der Flucht, sind heimatlos, in prekären Lebensverhältnissen. Irgendwie geht es im Weihnachtsevangelium also um einen sehr menschlichen, einen geradezu alltäglichen Vorgang. Das will uns sagen: Die christliche Religion ist nicht zuerst und vor allem ein System von komplizierten Lehren, sondern sie ist einfach und menschlich.

Und schließlich: *Die Botschaft der Heiligen Nacht ist eine Botschaft, die von Zuwendung und Annahme spricht.* Ausdrücklich vermerkt der Evangelist zwar, dass in der Herberge kein Platz war, dass die werdenden Eltern keine Aufnahme fanden. Aber umso mehr ist gerade deshalb das Bild der Krippe ein Bild der Zuwendung für denjenigen, der nicht an dem Kind vorbeigeht, sondern es anschaut und sich anschauen lässt. Das Kind reckt seine Hände nach uns aus. Wer kann sich schon einem kleinen Kind entziehen, das uns anlächelt und seine Arme nach uns ausstreckt?! Es ist ein Anblick, der uns entzückt, weil da ein Mensch ist – und sei er noch so klein –, der sich darüber freut, dass ich da bin, der Kontakt mir aufnimmt, ohne Bedingungen zu stellen, der keine Fremdheit kennt, obwohl er meine Sprache vielleicht überhaupt nicht versteht. Was spielt das in solchen Momenten für eine Rolle?

Gott bedient sich genau dieser Sprache. Das ist seine göttliche »List« (Hans Urs von Balthasar). Er wird Kind, um mit mir Kontakt aufzunehmen, mich mit der

Geste des Kindes zu locken, dass ich nicht einfach an ihm vorbeigehe, sondern mich ihm zuwende, um mir seine Zuwendung schenken zu lassen.

So einfach ist die Botschaft von Weihnachten. Doch gerade darin ist sie auch anspruchsvoll. Darin liegt ihre Herausforderung. Denn kann ich wirklich glauben, dass es nicht einfach ein Kind wie Tausende vor ihm und Tausende nach ihm ist, das mir da aus der Krippe zulächelt, sondern dass es Gott selbst ist? Kann ich glauben, dass – wie es der Titusbrief ausdrückt – in diesem Kind die ganze Gnade Gottes erschienen ist (Titus 2,11)? Vermag ich zu glauben, dass mir hier der Ursprung des Lebens, ja das Leben selbst entgegenlacht (Johannes 1,1)? Die Botschaft dieser Nacht lautet: Das Leben meint es gut mit mir. Mag es in meinem konkreten Alltag auch noch so viele Gründe geben, die dagegen sprechen – in der Tiefe, im Letzten meint es das Leben selbst gut mit mir. Ich bin dem Leben nicht egal.

Eine atemberaubende Botschaft. Gott freut sich über mich wie ein Kind. Ist das nicht die Botschaft, nach der sich das Herz eines jeden Menschen sehnt? Ja, wir sehnen uns danach, weil wir unter Menschen so oft das Gegenteil erleben. Wie oft ist jemand für sein Gegenüber nur interessant, weil er oder sie Leistungsträger ist oder Kunde, Arbeitskraft oder Vorgesetzter. Vom Philosophen *Blaise Pascal* gibt es den bitteren

Satz: »Wir lieben nie Personen, nur Qualitäten.« Mit anderen Worten: Wir lieben nicht einfach einen anderen Menschen, sondern wir lieben etwas an ihm: seine Intelligenz oder Schönheit, seinen Witz oder seine Verlässlichkeit, seinen Erfolg, seine Hilfsbereitschaft, Einfühlsamkeit und so weiter. Wenn das wirklich alles wäre, dann wäre es schlecht um diese Welt bestellt. Gott sei Dank gilt Pascals Überzeugung nicht als pauschale Aussage. In der Weihnachtszeit lässt sich das manchmal erleben im Kreis von Familien, Freunden, Nachbarschaften. Die freien Tage um Weihnachten und Neujahr tun ja nicht zuletzt deshalb gut, weil sich in ihnen Menschen weniger als sonst in Funktionen, die sie füreinander haben, begegnen, sondern zweckfrei, weil sie sich zugetan sind.

Es braucht nicht viel Fantasie, um sich auszumalen, dass mit der Botschaft von Weihnachten ein bestimmtes Lebensgefühl verbunden ist. Denn es macht einen Unterschied, ob ich innerlich auf Gedeih und Verderb darauf angewiesen bin, dass mich meine Mitmenschen bejahen, oder ob ich über alle menschliche Bejahung hinaus noch die freudige Gewissheit haben darf, dass Gott selbst, der das Leben ist, mir zugewandt ist und mich anschaut.

Wer beides entbehren muss, steht leicht in der Gefahr zu resignieren. Wer in dem Gefühl lebt, weder als

Person angenommen zu sein noch über die Qualitäten zu verfügen, die in einer Gesellschaft zählen, der steht in der Gefahr, Verachtung zu empfinden oder gar Hassgefühle zu entwickeln. Wo Perspektivlosigkeit, Einsamkeit und Isolation, gerade unter jungen Menschen, um sich greifen, da wächst auch die Versuchung zu Ideologie und Menschenhass. Die Weihnachtsbotschaft ist dagegen ein Kontrapunkt. Denn sie spricht von der vorbehaltlosen Zuwendung und Treue Gottes, die jedem Menschen gilt. Insofern ist sie dem, der ihr Glauben schenkt, ein Vorbeugungsmittel gegen Radikalismus, Fremdenfeindlichkeit und Menschenverachtung.

Im Kind von Betlehem wendet Gott selbst sich uns zu. Nun haben wir aber kein Foto, kein Porträt vom Gesicht dieses Kindes. Wir wissen nicht, wie Jesus genau ausgesehen hat. Gerade deshalb dürfen wir ihn erkennen in all den Krippenkindern, die wir in diesen weihnachtlichen Tagen sehen, mehr noch: Wir dürfen ihn sehen in allen Kindern und schließlich im Gesicht eines jeden Menschen, der sich uns zuwendet, der uns meint als Person, der unser Herz ansprechen will.

7// Zu Betlehem geboren

> So zog auch Josef von der Stadt Nazaret in Galiläa hin-
> auf nach Judäa in die Stadt Davids, die Betlehem heißt;
> denn er war aus dem Haus und Geschlecht Davids. Er
> wollte sich eintragen lassen mit Maria, seiner Verlob-
> ten, die ein Kind erwartete. Als sie dort waren, kam für
> Maria die Zeit ihrer Niederkunft, und sie gebar ihren
> Sohn, den Erstgeborenen.
>
> Lukas 2,4–7a

Zu den Ritualen der Vorweihnachtszeit gehört in den
Wetterberichten die Frage, ob es wohl »weiße Weihnacht« geben wird? Mich hat diese Frage schon oft
gestört: Als ob der Schnee wesentlich sei zum Gelin-
gen des Festes! Offensichtlich ist aber diese Sehnsucht
nicht kaputtzukriegen. Worin liegt eigentlich die Faszination »weißer Weihnacht«? Ist sie bloßer Kitsch? Ist
sie pures Heimweh nach unbeschwerten Kindertagen
oder ist da noch etwas anderes? Ich glaube, es ist noch
mehr. In ihr ist auch die Sehnsucht nach Verzauberung
und Festlichkeit. Denn es ist doch so: Wenn eine Land-
schaft mit Schnee bedeckt ist, dann wirkt sie festlicher.
Das Graue und Schmutzige ist zugedeckt. Alles wirkt

heller, ja, irgendwie reiner und unschuldiger. In der Faszination weißer Weihnacht schwingt das alles mit: unser allzu verständlicher Wunsch, dass wenigstens für einige Tage das Grau des Alltags ruht, das Schmutzige und Abstoßende unserer Welt irgendwie gnädig zugedeckt ist und stattdessen von einem milden Glanz umspielt wird.

Die Erzählung von der Geburt Jesu steht dazu in krassem Kontrast: Da ist kein äußerer Glanz, sondern ein Stall. Da ist kein Plätzchenduft, sondern alltäglicher Gestank, Geruch von offenem Feuer. Alles ist improvisiert, ungemütlich. Gott sei Dank haben alle Krippendarstellungen das über die Jahrhunderte bewahrt, so lieblich und heimelig sie ansonsten auch sein mögen.

Wer käme auf die Idee, aus dem Stall eine Komfort-Unterkunft zu machen? Nein, die Armseligkeit gehört einfach zur Krippe, weil sie uns das Entscheidende der Weihnachtsbotschaft sagt: Gott will unsere geschundene Erde nicht von oben her ein wenig aufhübschen und bepudern, um ihre Wunden abzumildern. Nein, Gott kommt, um die Welt von innen her zu verwandeln. Nicht äußerliche Verzauberung, sondern innere Verwandlung, das ist sein Wille und sein Programm. Der Glanz der Weihnacht kommt nicht von außen, sondern von innen. Von innen nach außen geht der Weg, alles andere bliebe Kosmetik.

Wenn wir in den biblischen Evangelien die Entwicklung des Kindes von Betlehem verfolgen, wenn wir Jesus heranwachsen sehen, dann werden wir es auch wieder an ihm selbst beobachten können: Der Sohn Gottes schaut auf das Innere des Menschen, sein Blick geht auf das Herz, nicht auf den äußeren Status. Das gilt sogar bei den Kranken: Nicht umsonst steht bei Jesus die Sündenvergebung an erster Stelle, die innere Heilung. Sie geht der äußeren voran: Dem Mann, der von seinen Freunden auf der Tragbahre zu Jesus hingetragen wird, sagt Jesus zuerst: »Deine Sünden sind dir vergeben« und erst dann: »Steh auf, nimm deine Tragbahre und geh!« (Markus 2,1–12). Das entspricht auch unserer Erfahrung: Denn wir wissen, dass innere, seelische Verwundungen oft viel tiefer gehen und schwerer zu heilen sind als rein körperliche: Eine Schnittwunde heilt schnell; ein verletzendes Wort vielleicht nie. Deshalb setzt Gott hier an. Er weiß noch besser als wir, dass wirkliche Verwandlung nur von innen heraus geschehen kann, alles andere bliebe flüchtige äußere Verzauberung.

Worin aber besteht das Geheimnis dieser Verwandlung? Die Antwort ist einfach und unbegreiflich zugleich. Sie heißt: Zuwendung. Dass Gott sich uns zuwendet, dass er nicht in dunkler Verborgenheit geblieben ist, sondern Menschenantlitz angenommen hat, ist das alte und immer neue Geheimnis der Weihnacht. Dass der Schöpfer des Himmels und der Erde nicht anonyme Energie ist, sondern im Kind von Betlehem die Hände nach uns ausstreckt, das ist die Mitte der Weihnachtsbotschaft. Der Allmächtige neigt sich uns zu. Er spricht uns an und macht sich ansprechbar. Gott »bietet uns an Weihnachten das Du an«, hat *Papst Benedikt* einmal gesagt. Wenn das stimmt, sind wir nicht mehr allein. Indem Gott uns das Du anbietet, entreißt er uns unserer letzten Einsamkeiten. Denn sein Du ist das einzige, dass stark genug ist, durch alle Höhen und Tiefen unseres Lebens mitzugehen.

Und auch das ist unbegreiflich: Der Grund dafür ist reine Selbstlosigkeit. Gott verbindet keinen Zweck damit. Er tut es aus reiner Liebe. Unglaublich – wo erleben wir das sonst? Allzu oft interessieren sich Menschen nur füreinander, weil sie damit bestimmte Zwecke verbinden: Menschen sind interessant als Arbeitskräfte, als Konsumenten, als zahlungskräftige Mitglieder, als solche, die mir Bestätigung geben usf. Und selbst in unseren engsten Beziehungen sind wir nicht vor der Versuchung gefeit, andere für unsere Zwecke einzuspannen; müssen deshalb immer wieder Gewissenserforschung halten.

Die Botschaft von Betlehem sagt: Da ist einer, der uns garantiert nicht für sich einspannen will; wo er uns einspannt, in die Pflicht nimmt, da nur zu unserem eigenen Heil und zum Wohl aller Menschen. Wer immer bereit ist, diese unerhörte Botschaft zu hören und anzunehmen, dessen Leben verwandelt sich, der bekommt eine neue Perspektive auf das Ganze des Lebens, selbst wenn die äußeren Umstände sich nicht ändern, schwierig bleiben oder eintönig grau: Doch nun umspielt von innen heraus ein neuer Glanz unsere Welt und unser Leben. Es ist der Glanz der Gotteskindschaft. Wir wissen Gott, den Vater, und Jesus an unserer Seite.

Diesem inneren Glanz dürfen wir dann auch äußeren Ausdruck verleihen, ja, wir sollen es sogar, damit man sieht, wie reich diejenigen beschenkt sind, die sich der Botschaft Jesu Christi öffnen. Wenn wir aus dieser inneren Freude heraus Weihnachten feiern, dann feiern wir es richtig, dann sind auch alle Formen der äußeren Festlichkeit gut. Sie sind dann nicht bloß oberflächlicher Flitter, der nicht hält, was er verspricht. Sie sind dann nicht trügerischer Glanz, der gerade mal reicht, um sich ein paar schöne Tage zu machen. Nein, sie sind viel mehr: Sie künden von dem inneren Leuchten, das von Gott selbst kommt und die Welt verwandelt.

8 // Ein neuer Anfang

Sie wickelte ihn in Windeln und legte ihn in eine Krippe, weil in der Herberge kein Platz für sie war.

Lukas 2,7b

Vor einigen Jahren gab es in unserem Museum am Dom in Trier eine Krippenausstellung, bei der mich eine bestimmte Krippe besonders berührt hat. Sie kam aus dem westafrikanischen Staat Mali. Durch die farbenfrohen Kleider der Figuren zog sie mich unmittelbar an. Beim näheren Hinsehen bin ich allerdings zurückgeschreckt. Denn die Figuren samt ihren Heiligenscheinen waren aus alten Blechdosen zusammengelötet. Und diese Blechdosen waren nicht einmal gewöhnliche Blechdosen, nein, es waren Behälter, in denen sich vorher Insektenvernichtungsmittel befand! Auf den Kleidern der Figuren konnte man noch die Produktangaben erkennen, auf dem Gewand des Engels sogar die Abbildung ekliger, langbeiniger Insekten. Die Krippe aus Mali ist eine Recycling-Krippe.

Mali ist eines der ärmsten Länder der Erde. Müll sammeln ist dort ein Beruf. Umso erstaunlicher ist die Tatsache, dass die Krippen aus Müll, die junge Handwerker herstellen, inzwischen in den Vereinigten Staaten, in Europa und Japan sehr begehrt sind. Man muss sie schon zu Jahresbeginn bestellen, wenn man rechtzeitig zum Weihnachtsfest eine solche Krippe haben möchte.

Je länger ich die eigenwilligen Krippenfiguren aus Mali betrachtete, umso mehr ging mir auf, welch tiefe Glaubensaussage sie enthalten. Denn so handelt Gott: Er kommt in diese Welt, die seine gute, ja, sehr gute Schöpfung ist, aber von uns Menschen an so vielen Stellen verschmutzt und vergiftet wird. Dabei denke ich übrigens nicht nur an die Verschmutzung der Umwelt, sondern auch an die Vergiftung unseres menschlichen Zusammenlebens durch Neid, durch Habgier und Maßlosigkeit, durch Hass und Gewalt. Statt in ihrer Schönheit präsentiert sich die Welt oft genug von ihrer hässlichen Seite, ausgesaugt, verbraucht, ihres Besten beraubt.

Übrig bleibt allzu oft nur die Verpackung, der leere Schein in mitunter schriller Farbigkeit, aber ohne Inhalt. Dann verlieren wir Menschen und die Welt unseren eigentlichen Wert, werden wertlos wie Abfall im wahrsten Sinne des Wortes: weil abgefallen von Gott, abgewandt von ihm, unserem Schöpfer, und den geheimnisvollen Gesetzen, die er seiner Schöpfung eingeschrieben hat.

»Im Anfang schuf Gott Himmel und Erde«, so lauten die ersten Worte der Bibel (Genesis 1,1). »Im Anfang«, beginnt auch das Johannesevangelium. Und das ist kein Zufall. Johannes schlägt den Bogen bewusst ganz weit. Ja, er geht sogar noch weiter zurück als das Buch Genesis. Er will nicht nur vom Anfang der Schöpfung erzählen. Er will wissen und mitteilen, was vorher war. Ihm geht es sozusagen um den Anfang vor dem Anfang (Johannes 1,1):

Im Anfang war das Wort,
und das Wort war bei Gott
und das Wort war Gott.

Dieser Anfang, der Ursprung von allem, ist das »Wort«, kein flüchtig dahin gesagtes Wort, sondern das schöpferische Wort Gottes, das alles ins Leben gerufen hat. Der griechische Begriff dafür ist »Logos«, und das bedeutet auch Sinn. Am Beginn also: die »Logik« Gottes, der Sinn, den Gott der Welt und allem, was ist, einstiftet. Diesen Anfang besingt der sogenannte Prolog des Johannesevangeliums, der Hymnus, mit dem der Evangelist seine Botschaft von Jesus beginnt. Nach der Überzeugung des Evangelisten ist das kein nostalgisches Lied, das von guten alten, aber vergangenen Zeiten singt. Für den Evangelisten bleibt der Anfang gegenwärtig, aktuell. Diesen Anfang lässt man nicht einfach hinter sich. Dieser Anfang geht gewissermaßen mit, als geheimes Wasserzeichen. Er veraltet nie. Und eben darin liegt die frohe Botschaft: Der Anfang, den Gott gesetzt hat, bleibt gültig: Gott nimmt das Wort des Anfangs nicht zurück. Der Sinn, den Gott in seine Schöpfung hineingelegt hat, der bleibt gültig. In ihm steckt die Kraft zur Erneuerung – immer wieder.

Kaum zu glauben – gerade auch in unserer Zeit, in der so viel von Erneuerung in Gesellschaft und Kirche die Rede ist und in der wir uns zugleich so schwertun damit: Denken wir nur an die vielfältigen Stimmen, die sagen: »So wie bisher können wir in unseren westlichen Industriegesellschaften nicht weitermachen.« Denken wir nur an die zahlreichen Reformkommissionen, die eingesetzt werden, um im Bereich der Wirtschaft, der Gesellschaft, des Sozialen und der Bildung zu erneuern. Oder schauen wir in den Bereich der Kirche, wo von der Reform der Strukturen die Rede ist, um besser gerüstet zu sein für die pastoralen Herausforderungen der Gegenwart und Zukunft. Und nicht wenige fragen sich heimlich oder offen: Ob bei den vielen Kommissionen wirklich etwas Neues herauskommt? Oder bleibt am Ende in Kirche und Gesellschaft unter veränderten Vorzeichen nicht doch alles beim Alten? Je älter man wird, umso skeptischer wird man.

Was im Großen gilt, gilt auch im Kleinen: Habe ich persönlich die Kraft zur Erneuerung, da, wo Veränderung in meinem Leben angesagt wäre? In den Weihnachtstagen, vor dem bevorstehenden Jahreswechsel, mache ich den Test und frage mich: Hat sich bei mir etwas positiv verändert im Vergleich zum vergangenen Fest? Oder ging alles in die alten Bahnen zurück, obwohl ich mir eigentlich eine Änderung, einen Neuaufbruch vorgenommen hatte?

Weihnachten sagt: Gott traut uns Erneuerung zu, auch da, wo wir uns längst aufgeben wollen, uns selbst und den anderen nicht mehr viel zutrauen. Deshalb greift Gott ein in unsere Welt, deshalb kommt er. Gott bricht zu uns auf, damit wir die Kraft gewinnen zum Neuaufbruch. Aus der Sicht Gottes ist Weihnachten nicht das Fest des »Alle Jahre wieder« und des Immer-Selben, sondern das Fest der Erneuerung. An Weihnachten setzt Gott, der Schöpfer, einen nie dagewesenen Neuanfang in unserer menschlichen Geschichte.

Dazu macht er nicht mit Gewalt reinen Tisch. Er drückt nicht den »Reset-Knopf« wie beim Computer, um mit seiner Schöpfung noch einmal ganz neu zu starten. Nein, an Weihnachten setzt Gott einen neuen Anfang mitten in dieser konfliktbeladenen und sündigen Welt, indem er die geschundene und verwundete Natur des Menschen annimmt, indem er selbst

Mensch wird unter Menschen. Wie die Krippenbauer von Mali in ihren Krippen den wertlosesten Abfall veredeln, so nimmt Gott das von der Sünde gezeichnete, zum Teil geradezu entstellte Leben dieser Welt an und veredelt es auf seine, ganz einzigartige Weise. So setzt Gott, mitten im Alten, einen neuen Anfang. Er schenkt der Welt einen ganz neuen Glanz von der Krippe – das heißt von einem unansehnlichen Stall! – her.

Er tut es in einer Art, die uns zu Herzen redet: Er wird Kind. Wie könnte Gott uns schöner und überzeugender deutlich machen, dass Erneuerung, Neuanfang möglich ist, als durch das Kommen eines Kindes. Denn jedes Kind trägt in sich die Botschaft, dass etwas Neues beginnt. Wo ein Kind zur Welt kommt, keimt in uns die Hoffnung, dass nicht alles einfach so weiterläuft in ausgefahrenen Gleisen, sondern neues, einmaliges Leben beginnt. Wenn noch etwas die skeptischen Herzen derer erweicht, die kaum daran glauben, dass es eine wirkliche Erneuerung gibt, dann ist es noch am ehesten die Geburt eines Kindes. »Heute ist uns ein Kind geboren, ein Sohn ist uns geschenkt« (Jesaja 9,5).

Weihnachten sagt: Gott schenkt einen neuen Anfang. Gott erneuert seine ursprüngliche Verheißung. Aber diese Erneuerung ist kein Automatismus an uns vorbei: Neuwerdung ist dem versprochen, der der Botschaft glaubt.

Allen aber, die ihn aufnahmen,
gab er Macht, Kinder Gottes zu werden;
allen, die an seinen Namen glauben,
die nicht aus dem Blut,
nicht aus dem Willen des Fleisches,
nicht aus dem Willen des Mannes,
sondern aus Gott geboren sind.

Johannes 1,12–13

Die Kraft zum Neuwerden ist denen versprochen, die, wie Johannes sagt, »aus Gott geboren sind«. Das sind Menschen, die nicht bloß ihren eigenen Trieben, ihrem eigenen Kopf und Willen folgen, sondern sich Gott anvertrauen und dem Kind in der Krippe. Wie oft scheitern die bestgemeinten Versuche der Erneuerung daran, dass jeder nur seinem eigenen Willen, seinen eigenen inneren Regungen folgt, und sich deshalb kein Ausweg auftut. Einen neuen Anfang schenkt Gott denen, die ihm und seinem Geist folgen. Und dieser Geist ist nicht abstrakt, sondern ganz konkret im Menschgewordenen und seiner Botschaft, wie sie uns aus den Evangelien entgegentritt.

Du Gott der Anfänge,
segne uns,
wenn wir deinen Ruf hören,
wenn deine Stimme uns lockt
zu Aufbruch und Neubeginn.

Du Gott der Anfänge,
behüte uns,
wenn wir loslassen
und Abschied nehmen,
wenn wir dankbar zurückschauen
auf das, was hinter uns liegt.

Du Gott der Anfänge,
lass dein Gesicht leuchten über uns,
wenn wir in Vertrauen und Zuversicht
einen neuen Schritt wagen
auf dem Weg unseres Glaubens.

Du Gott der Anfänge,
schenke uns Frieden,
wenn der eigene Weg
uns aufwärts führt,
wenn wir Lebewohl sagen.

Lass deine Blumen blühen
für jeden von uns,
lass Wind uns den Rücken stärken
und die Sonne
warm auf das Gesicht scheinen,
wo immer wir gehen.

Gott der Anfänge,
segne uns.

Aus Irland

9// Himmlisches Licht

> In jener Gegend lagerten Hirten auf freiem Feld und hielten Nachtwache bei ihrer Herde. Da trat der Engel des Herrn zu ihnen und der Glanz des Herrn umstrahlte sie.
>
> Lukas 2,8–9

In der Advents- und Weihnachtszeit spielt das Licht eine entscheidende Rolle. Die Kerzen am Adventskranz und der weihnachtliche Lichterbaum schmücken Kirchen ebenso wie unsere Wohnzimmer und die Straßen und Plätze unserer Dörfer und Städte. Nicht verwunderlich in der dunklen Jahreszeit, denn da ist der Hunger nach Licht größer als sonst. Da spüren wir deutlicher als sonst, wie sehr wir Menschen vom Licht leben.

Aber nicht nur im Brauchtum und der Liturgie der Kirche spielt das Licht eine entscheidende Rolle. Schon die biblischen Texte sprechen immer wieder vom Licht. Dabei sind sie in Gegenden entstanden, in denen die Sonne eine wesentlich größere Kraft besitzt als bei uns. So lesen wir im Buch des Propheten Jesaja (9,1):

Das Volk, das im Dunkeln lebt,
sieht ein helles Licht;
über denen, die im Land der Finsternis wohnen,
strahlt ein helles Licht auf.

Nun ist aber Licht und Licht zweierlei, ebenso wie Helligkeit nicht immer die gleiche ist: Es gibt das helle, wohltuende Licht des Tages, und es gibt das grelle Licht, das entblößt: das gleißende Licht an Grenzübergängen, das Licht, das eingeschaltet wird, wo Menschen taxiert, in Sammellager verbracht werden. Es gibt Licht, das nicht wärmt und tröstet, sondern entwürdigt und ängstigt. Oder schlimmer noch: Licht, das tötet: Die grelle Stichflamme, die am 6. August 1945 über Hiroshima aufgeblitzt ist, hat damals nicht nur diese Stadt, sondern die ganze »Welt in eine noch nie dagewesene Dunkelheit gestürzt« (Franz Kamphaus). Was für ein grässliches Paradox: hellster Blitz und abgrundtiefe Finsternis!

An Weihnachten suchen wir das behutsame Licht. Und es ist eigenartig: Wir suchen das Licht und dunkeln dazu unsere Räume ab. Räume, die wir leicht hell erleuchten könnten. Wir tun es, weil wir wissen, dass Licht nicht gleich Licht ist. Wir suchen das gefährdete, das scheue Licht von Kerzen. Es hilft uns, Licht von Licht zu unterscheiden.

Es hilft uns, dass wir uns konzentrieren, dass wir uns im Geleucht der vielen Lichter orientieren können an dem Licht, das führt und heilt. Zugleich erinnert es uns daran, dass wir aus dem Dunkeln kommen: aus der Bauchhöhle, aus dem Schoß der Mutter. »Höhle, Grotte, Nacht – die Bilder sind uns gerade in den Weihnachtstagen vertraut. Sie erzählen auch von unserer Geschichte. Der dunkle Schoß ist Urbild unserer Herkunft. Er sitzt uns in den Knochen, seit wir das Licht der Welt erblickt haben« (Franz Kamphaus).

Deshalb halten wir Ausschau nach einem Licht, das uns wirklich einleuchtet, einem Licht, das in uns eingeht und bleibt. Das Licht, das wir suchen und das allein uns vor dem ewigen Dunkel bewahren kann, ist ein inneres Licht, das uns auch dann Orientierung gibt, wenn uns Schatten und Dunkelheit befallen. Wir wissen ja, dass wir nicht allein vom (äußeren) Sonnenlicht leben, auch wenn das die Grundlage alles physischen Lebens auf der Welt ist. Doch als Menschen, als geistbegabte Geschöpfe leben wir wesentlich auch von dem Licht, das in uns brennt und wärmt, dort, wo das Sonnenlicht niemals hinkommt. Solches Licht können uns aber nur andere Menschen, geistbegabte Geschöpfe wie wir, geben. Solches Licht können uns nur andere Menschen sein. Manchmal sagen wir es sogar ausdrücklich: »Der oder die ist ein wirklicher Lichtblick« – der geliebte

Ehepartner, ein Freund, die eigenen Kinder, die Enkel ...
Sie alle sind mögliche Lichtblicke in unserem Leben.

Vom Anderen her fällt Licht in unser Leben. Bestimmte Menschen brauchen uns nur anzusehen, und schon ist da ein Lichtblick, der es hell und warm in uns werden lässt. Umso schöner noch, wenn auch das, was der Andere sagt, unser Leben heller macht. Denn nicht bloß die Gegenwart eines guten Menschen ist ein Lichtblick für uns. Auch Worte können Lichtblicke sein: Sie hellen unser Gemüt auf, bringen uns wieder auf die Beine, erhellen unseren Weg, lassen uns klarer sehen, wo es weitergeht. Und: Worte bleiben auch dann noch, wenn uns die räumliche Nähe des anderen Menschen fehlt.

Als ein solcher Lichtblick bietet sich uns das Kind in der Krippe an. Denn es ist das »Wort« schlechthin. Das Wort Gottes an uns Menschen. Das Wort, das Fleisch geworden ist und das bleibt. Als Erwachsener wird es von sich sagen: »Ich bin das Licht der Welt« (Johannes 8,12). Er ist dies nicht als gleißendes Licht. Er ist nicht bloßstellend. Jesus ist nicht die Lampe des göttlichen Kriminalkommissars, ist nicht die Röntgenröhre, mit der der Allmächtige die Menschen durchleuchtet. Er ist das »milde« Licht (John Henry Newman) Gottes, des Vaters, das »heitere« Abendlicht, wie es in einem Hymnus des kirchlichen Abendgebets heißt.

Dieses Licht, Christus, sagt uns: Wer auf mich schaut, wer sich von mir anschauen lässt, wer meine Worte hört, sich meiner Botschaft anvertraut, der sitzt keinem Irrlicht auf, dem wird vielmehr die stille Glut zuteil, die sich nicht verzehrt, sondern bleibt.

Die Herausforderung des Weihnachtsfestes besteht darin, dieses Licht nicht zu scheuen, sich vielmehr bewusst mit dem eigenen Leben in dieses Licht hineinzubegeben. Wer auf das Evangelium Jesu Christi mit offenem Herzen hört, dem geht ein Licht auf, dem erhellt sich der Lebensweg – wenn auch nicht von Anfang bis Ende wie ein ausgeleuchtetes Rollfeld. Auch Glaubende können nicht auf diese Weise ihr ganzes Leben überblicken. »Gott kennt den ganzen Weg, wir wissen nur den nächsten Schritt und das letzte Ziel« (Dietrich Bonhoeffer). Eher ist es so wie bei jemandem, der ein Licht bei sich trägt, das ihm leuchtet, Schritt um Schritt, und das den Weg enthüllt in dem Maß, in dem er mit diesem Licht voranschreitet. Dieses Licht soll dir genügen, sagt Gott, es ist am Ende stärker als alle Dunkelheit der Welt.

10// Fürchtet euch nicht!

> Der Engel aber sagte zu ihnen: Fürchtet euch nicht!
> Lukas 2,10a

Wer die Erzählung des Lukasevangeliums aufmerksam verfolgt, dem fällt auf, dass die Einzigen, die im Weihnachtsevangelium sprechen, die Engel sind. Nur ihre Worte sind zu hören. Da ist kein Gespräch zwischen Josef und Maria, sind keine Worte der Hirten. Und das erste Wort der Engel lautet: »Fürchtet euch nicht!« (Lukas 2,10). Das ist nicht zufällig, das ist programmatisch. Damit ist der alles entscheidende Auftakt vom Himmel her gesetzt: Die Botschaft von Betlehem ist eine Botschaft gegen die Angst.

So alt diese Botschaft inzwischen schon ist, so oft sie schon verkündet und besungen wurde, es ist eine Botschaft, die wir auch heute brauchen. Wir brauchen auch heute Boten, die uns Mut machen. Wir brauchen Anwälte gegen die Angst. Denn obwohl wir in Europa am Beginn des dritten Jahrtausends ruhiger und sicherer leben als die allermeisten Generationen vor uns, sind wir umgetrieben von vielerlei Ängsten. Ich denke etwa an die Angst vor der Vergiftung der Erde, an die

Angst vor der Bedrohung durch fanatische Terroristen, an die Angst vor einer zunehmenden Polarisierung in unserer Gesellschaft durch bestimmte Gruppen, an die Angst, den Arbeitsplatz zu verlieren oder keinen mehr zu bekommen, an die Angst, an die Grenzen der eigenen Leistungsfähigkeit zu kommen, mit dem geforderten Tempo nicht mehr Schritt halten zu können, an die Angst, im Alter dement zu werden und die Bestimmung über sich selbst zu verlieren.

Wie gut tut es da, zu hören: »Habt keine Angst!« Dieses Wort hat dann umso mehr Gewicht, wenn es nicht von uns selbst kommt, wenn es nicht bloß klingt wie das eigene Pfeifen im dunklen Wald, sondern mit göttlicher Autorität vorgetragen wird, so wie es die Engel in dieser Nacht tun. Wer sich dennoch schwertut, angesichts unserer konkreten Welt und unserer Ängste an diese göttliche Autorität zu glauben, der darf sich wenigstens daran erinnern lassen, dass dieser Ruf der Engel seit 2000 Jahren offensichtlich weder zum Schweigen zu bringen noch zu widerlegen ist, sondern weiterhin als Hoffnungsruf durch die Geschichte hallt.

Aber meinen denn die Engel mit ihrer Aufforderung »Fürchtet euch nicht« überhaupt das, was wir meinen? Wollen sie überhaupt auf unsere Ängste antworten? Die ehrliche Antwort muss lauten: Nein. Sie antworten nicht auf unsere Ängste, wenigstens nicht im unmittelbaren Sinn. Vielmehr steht der Ruf der Engel an die Hirten in einer großen Reihe biblischer Situationen, in denen Menschen aufgefordert werden, sich nicht zu fürchten vor der Nähe Gottes: Denken wir nur an Mose vor dem brennenden Dornbusch, der sich fürchtet, Gott anzusehen (Exodus 3,6). Denken wir an Simon Petrus, der angesichts des überreichen Fischfangs, den er auf das Wort Jesu hin gemacht hat, ehrfurchtsvoll auf die Knie fällt und Jesus um Abstand bittet, ja ausdrücklich sagt: »Herr, geh weg von mir« (Lukas 5,8). Denken wir an die vielen Menschen, die die Wunder Jesu miterlebt haben und von denen es im Evangelium immer wieder heißt, dass Furcht sie überfiel, als sie die Machttaten Jesu sahen (Mk 6,25–34; Lukas 5,17–26; 7,11–16). Denken wir schließlich an die drei Jünger, die bei der Verklärung Jesu auf dem Berg Tabor von großer Furcht ergriffen werden (Matthäus 17,1–9).

Wenn wir die verschiedenen biblischen Situationen zusammen betrachten, dann wird schnell klar, dass die Furcht, von der dort die Rede ist, nicht dasselbe ist wie die Ängste, von denen wir Menschen individuell oder kollektiv umgetrieben werden. Die Angst, oder besser: die Furcht, von der die Bibel spricht, das ist die Erschütterung, die jemanden dort überkommt, wo er von der Wirklichkeit Gottes berührt wird und dabei spürt, wie sehr ihn diese Wirklichkeit übersteigt. Vielleicht ist diese Furcht am ehesten zu vergleichen mit dem inneren Beben, das einen Menschen erfüllen kann, wenn er in einen sternenklaren Nachthimmel schaut und sich dabei bewusst wird, welche unendliche Weite ihn umgibt.

Angst und bloßes Erschrecken bewirken noch keinen Neuanfang. Das wissen wir aus der eigenen Lebenserfahrung, und das erleben wir auf der Weltbühne: Hat nicht die Finanzmarktkrise weltweites Erschrecken ausgelöst? Was aber hat dieses Erschrecken an echter Veränderung bewirkt? Zu einem Umdenken, einer wirklichen Neuorientierung hat es offensichtlich bisher nicht geführt. Drohszenarien führen zu keiner nachhaltigen Veränderung. Lässt der Druck nach, kehren wir in unsere alten, eingefahrenen Verhaltensmuster zurück. Deshalb hat auch die Glaubenserfahrung recht, die sagt: »Not lehrt beten, aber nicht anbeten.«

Genau das aber bräuchten wir: die Haltung der Anbetung, anders gesagt: die Haltung einer positiven Erschütterung, die uns dankbar staunend auf die Knie sinken lässt, weil uns im Geheimnis der Weihnacht etwas gezeigt wird, das uns nicht erschrecken, sondern uns in seiner einfachen und friedlichen Schönheit positiv erschüttern will, sodass wir spüren: Was uns da gezeigt wird, das ist wahr! Und es lohnt sich, mein Leben von diesem Geheimnis prägen zu lassen. Denn dann bekomme ich den Mut zu Veränderung und Neuanfang.

Wenn das so ist, dann gehört die Furcht der Hirten auf den Fluren von Betlehem (so einzigartig sie auch ist) zu den Ur-Erfahrungen, die wir Menschen machen. Einen anregenden Gedanken zu dieser Art von menschlichen Ur-Erfahrungen fand ich bei dem Historiker und Publizisten Joachim Fest, der vor allem durch seine Studien zum Dritten Reich bekannt wurde. In der Autobiografie über seine Kindheit und Jugend, die 2006 nur wenige Monate vor seinem Tod erschien, stellt er die These auf, dass es im Leben eines jeden Menschen vier Ur-Erfahrungen gebe: »zum einen die Überwältigung durch ein Werk vollendeter Musik, dann die Lektüre eines großen Buches, die erste Liebe und den ersten unwiederbringlichen Verlust«.

Ob diese Aufzählung vollständig ist, ist hier nicht so entscheidend. Wir verstehen, was gemeint ist. Ich vermute, dass für die Hirten in dieser Nacht all diese vier Ur-Erfahrungen zusammenfielen: Da war die himmlische Musik der Engel. Obwohl Lukas übrigens gar nicht explizit von Musik spricht, so gehen wir doch mit der Tradition selbstverständlich davon aus, dass das Heer der Engel das »Gloria in excelsis Deo« nicht nur gesprochen, sondern gesungen hat. Denken wir an die zweite Ur-Erfahrung: Es gab auf den Fluren von Betlehem zwar kein Buch, aber eine Botschaft, die völlig neu, ja geradezu unerhört und in diesem Sinn überwältigend war. Und es war da auch die Erfahrung des Verlusts: Denn der Messias kam ganz anders, als Generationen von Gläubigen ihn sich erwartet und vorgestellt hatten. Er kommt nicht mit äußerer Macht und Gewalt, sondern als Kind im Stall. Schließlich und vor allem war da die Erfahrung der Liebe: Der allmächtige Gott lässt diesen einfachen Menschen mitteilen: Die Botschaft gilt euch! »Heute ist euch in der Stadt Davids der Retter geboren« (Lukas 2,11). Ihr seid die Ersten, denen das Geschenk meiner besonderen Nähe zuteil wird.

Unglaublich. Welch selige Erschütterung für die Hirten! Aber müssen wir nicht sagen: Welch selige und zugleich welch notwendige Erschütterung! Selig und notwendig nicht nur für die Hirten, sondern für jeden Menschen. Denn ohne eine solche Erschütterung wird ein Leben nie seine eigentliche Größe gewinnen, wird es nie in seine eigentliche Tiefe vorstoßen. Ein Leben, das keine Ur-Erfahrung in diesem Sinn macht, bleibt oberflächlich und flach. Insofern steht auch vor dem »Fürchtet euch nicht« zunächst (wenn auch unausgesprochen) ein »Fürchtet euch«. Wir brauchen eine Furcht, die nicht Angst, aber Erschütterung ist. Wir brauchen ein Ergriffensein, das mehr ist als ein frommer Schauer.

Danach (aber erst dann) braucht es den Ruf: »Fürchtet euch nicht!« Es kann nicht angehen, bloß in ergriffener Starre zu bleiben. Die Erfahrung Gottes drängt ins Tun, sie ruft zum Aufbruch. Wir sehen es an den Hirten. Sie reagieren richtig. Sie sagen zueinander: »Kommt, lasst uns nach Betlehem gehen, um das Ereignis zu sehen, das uns der Herr verkünden ließ« (Lukas 2,15). Das ist ihre Antwort. Dem Ergriffensein folgt die Bewegung, der Aufbruch. Dieser Aufbruch ist keine Flucht, er ist nicht diktiert von der Angst. Im Gegenteil: Wer von Gottes Macht und Liebe ergriffen ist, der fühlt sich gehalten, über den verliert die Angst vor der Welt, vor den Menschen, vor der Zukunft ihre Macht. Es klingt paradox, aber es ist wahr: Die Furcht dieser Nacht vertreibt die Angst. Denn sie lässt uns klarer erkennen, wer wir Menschen sind; wer wir sind vor Gott und wer wir sind für ihn: seine geliebten Kinder.

11 // Die vollkommene Freude

> Ich verkünde euch eine große Freude, die dem ganzen
> Volk zuteil werden soll.
>
> Lukas 2,10

Es war der heilige *Franz von Assisi,* der im Jahr 1223 die erste lebende Krippe herrichten ließ, um das Geschehen von Betlehem so anschaulich wie möglich nachzuvollziehen. Seit jener Weihnachtsnacht in dem kleinen Flecken Greccio in Umbrien hat die Weihnachtskrippe ihren Siegeszug durch die ganze Welt angetreten und ist aus unseren Kirchen und Häusern nicht wegzudenken.

Von Franziskus wird berichtet, dass sein Mitbruder Leo ihn einmal gebeten habe zu erklären, worin die vollkommene Freude bestehe. Daraufhin habe Franziskus ihm folgende Beispielgeschichte erzählt:

> Wenn wir in Santa Maria degli Angeli ankommen, naß
> vom Regen und steif vor Kälte, beladen mit Schmutz
> und geplagt von Hunger, und an der Klosterpforte
> pochen werden, so wird der Pförtner missmutig herausschauen und fragen: ›Wer seid ihr?‹ Wir aber wer-

den sagen: ›Wir sind zwei von deinen Brüdern.‹ Und
er wird antworten: ›Ihr sprecht nicht die Wahrheit; ihr
seid vielmehr zwei Landstreicher, welche die Leute zu
betrügen herumziehen und die Almosen der Armen
in die Tasche stecken. Gehet eures Weges!‹ Und er
wird uns nicht öffnen, sondern draußen stehen lassen in Schnee und Regen, kalt und hungrig, bis in die
Nacht. Wenn wir dann so große Unbill, Grausamkeit
und all das Fortweisen geduldig ertragen, ohne davon
berührt zu werden oder über ihn zu murren; wenn wir
stillergeben und demütig denken, daß der Pförtner
uns ganz richtig erkannt hat und Gott aus ihm gegen
uns spricht; dann, o mein Bruder Leo, dann schreibe,
daß dies die vollkommene Freude ist. Und wenn wir
nicht aufhören können zu klopfen und er zornig herauskommen und uns wie nichtsnutzige Lumpen fort-
jagen wird mit Schimpfreden und Backenstreichen,
sprechend: ›Packt euch hier fort, ihr elenden Spitzbu-
ben, schert euch ins Spital; hier sollt ihr weder Essen
noch Herberge erhalten‹ und wir auch das in Geduld,
Fröhlichkeit und Liebe hinnehmen; dann, o Bruder
Leo, schreibe, daß hierin die vollkommene Freude ist.
Und wenn wir, von Hunger, Kälte und dem Dunkel
der Nacht gepeinigt, noch dringender anklopfen und
ihn unter Tränen um der Liebe Gottes willen anflehen
werden, uns zu öffnen und einzulassen, und er in noch

größerem Zorn sagen wird: ›Das sind nichtsnutzige Tagediebe; ich werde ihnen nach Verdienst heimzahlen‹ und er mit einem Knotenstock herauskommen, uns bei der Kapuze packen, uns niederwerfen, in den Schnee stoßen und uns Hieb auf Hieb mit dem Stocke versetzen wird; und wenn wir alles das in Geduld und Fröhlichkeit über uns ergehen lassen, es als Schickung Christi erachtend, die wir um seiner Liebe willen erleiden dürfen: dann, Bruder Leo, dann schreib, daß hier und hierin die vollkommene Freude liegt.

Ist das nicht eine befremdliche Definition für das, was »vollkommene Freude« sein soll? Würden wir bei dieser Beispielerzählung nicht einen ganz anderen Verlauf erwarten? Würden wir nicht erwarten, dass Franziskus etwa sagen würde: »Durchnässt, hungrig und müde an einem unserer Klöster anzukommen, anzuklopfen, und dann vom Pförtnerbruder eingelassen zu werden, ein warmes Bad nehmen zu können und freundlich im Kreis der Brüder bewirtet zu werden, das ist die vollkommene Freude. Denn das wäre ein Vorgeschmack des Himmels.« Ja, so etwas würden wir erwarten. Das entspräche unserer menschlichen Ur-Sehnsucht, Aufnahme zu finden, angenommen zu sein, Menschen um uns zu haben, die uns – nicht nur durch Worte – signalisieren: »Es ist gut, dass es dich gibt. Du gehörst zu uns.« In dieser Erfahrung der menschlichen Annahme liegt der Urgrund aller Freude.

Das Gleichnis des Franziskus aber stellt uns scheinbar das genaue Gegenteil als Vorbild hin. Befremdlich! Aber es wäre ein Trugschluss zu denken, dass hier ein Weg der Entsagung gepredigt wird, der vielleicht nur den Heiligen vorbehalten ist. Denn wir würden in Franziskus nur einen Moralapostel und Asketen sehen. Er selbst hat durchaus nicht die frohe Gemeinschaft der Brüder verachtet. Und es war ihm wohl bewusst, dass es schöner ist, bei den Brüdern und Schwestern Aufnahme zu finden, als abgewiesen zu werden. Doch er hat auch gewusst und selbst schmerzlich erfahren, wie oft die Bereitschaft, einander auf- und anzunehmen, schwankend und schwach ist.

Umso beruhigender und befreiender ist es daher, wenn ich weiß: Da ist einer, der mich unbedingt annimmt. Eine solche bedingungslose Annahme kann nur von Gott selbst kommen: Gott, der Dreifaltige, der in sich selbst Beziehung und Gemeinschaft ist, ist die Annahme und Liebe in Person. Ausgerechnet Gott ist derjenige, der als Kind von Betlehem erfahren musste, dass die Welt offensichtlich keinen Platz für ihn hat. Was Lukas in der vergeblichen Suche nach einer Herberge erzählerisch ausdrückt, hat der Evangelist Johannes ganz grundsätzlich formuliert: »Er kam in sein

Eigentum, aber die Seinen nahmen ihn nicht auf« (Johannes 1,11).

Glücklicherweise ist dieser Vers aus dem Johannesevangelium nicht das letzte Wort über unsere Welt. Vielmehr fährt Johannes fort: »Allen aber, die ihn aufnahmen, gab er Macht, Kinder Gottes zu werden« (Johannes 1,12). Dieser Satz ist Verheißung für die Zukunft und Tatsache zugleich. An Weihnachten feiern wir, dass sich nicht die ganze Welt verschlossen hatte gegen das Kommen Gottes. Da sind die Personen an der Krippe, allen voran Maria und Josef, die Hirten und die Könige. Sie haben Gott aufgenommen. Durch sie erhält Gott Zutritt in diese Welt. Sie öffneten die Türen ihrer Herzen dem, der in seinem Willen von Ewigkeit her beschlossen hatte, sich uns Menschen zu eröffnen. In Betlehem tun sich die Türen zwischen Gott und Mensch auf, und sie werden sich nie wieder ganz gegeneinander verschließen.

Von Weihnachten her verstehen wir besser den Sinn dessen, was Franziskus seinem Mitbruder Leo deutlich machen wollte: Die vollkommene Freude ist nicht etwa eine Freude, die alle menschlichen Bedürfnisse nach Zuwendung und Annahme abgelegt hätte. Nein, sie ist die Freude, die in Gott selbst verankert ist. Sie ist die Freude, die sich selbst dann noch willkommen und angenommen weiß, wo sie bei Menschen auf verschlossene Türen und Herzen stößt. Damit ist aber auch klar: Diese Grundhaltung ist ein Geschenk. Sie ist das Geschenk von Weihnachten.

Die Freude von Weihnachten ist unendlich mehr als ein Wohlgefühl und gute Laune, sie ist krisentauglich. Und: Diese Freude, die aus dem Angenommensein durch Gott entspringt, enthält eine unbändige Kraft: Sie macht uns fähig, uns selbst anzunehmen; sie hilft uns aber auch, die anderen anzunehmen. »Nehmt einander an, wie auch Christus uns angenommen hat«, schreibt der Apostel Paulus den Christen in Rom (Römer 15,7). Es gibt Menschen, bei denen fällt es uns leicht, sie anzunehmen. Aber es gibt auch die anderen: diejenigen, mit denen wir uns schwertun, die uns lästig sind, die kritisch sind, nicht wohlgesinnt oder sogar abweisend. Jeder kennt solche Pfortenbruder-Typen aus dem Beispiel des Franziskus.

Und dann gibt es Menschen, die einfach anders sind als wir, uns fremd. Auch sie dürfen erwarten, dass wir sie annehmen um der Liebe Gottes willen, nach dessen Bild wir Menschen geschaffen sind und der selbst für uns Mensch geworden ist. Ich denke hierbei an eine Gruppe, die wir gerade von der Weihnachtsbotschaft her nicht vergessen dürfen: die Männer und Frauen, aber auch Kinder und Jugendlichen, die in unser Land kommen und um Aufnahme bitten, weil sie auf der

Flucht sind vor politischer, religiöser oder ethnischer Verfolgung oder auf der Suche nach menschenwürdiger Arbeit.

Wir wissen um die Herausforderungen und Schwierigkeiten, die die Aufnahme und Integration von Flüchtlingen und Migranten vielfach bedeutet. Dennoch dürfen wir uns nicht damit abfinden, dass Menschen an den Grenzen des »Hauses« Europa inhaftiert und gedemütigt werden oder gar ihr Leben verlieren, weil sie zurückgedrängt werden. Dagegen gilt es gerade von Weihnachten her eine Kultur der Annahme und Anerkennung stark zu machen. (Es ist gut, dass sich die großen christlichen Kirchen dafür auf vielfältige Weise einsetzen, zum Beispiel durch die jährliche interkulturelle Woche, um auf dieses Anliegen aufmerksam zu machen.)

Das älteste überlieferte deutschsprachige Weihnachtlied ist wohl über neunhundert Jahre alt. Es lautet:

Sei uns willkommen, Herre Christ,
der du unser aller Heiland bist.
Sei willkommen, lieber Herre,
hier auf der Erde recht mit Ehren.
Kyrieleis.

Weihnachten feiern heißt: Gott willkommen heißen im Staunen darüber, dass er einer von uns wurde und doch der ganz Andere bleibt. Wer so glaubt, macht die Entdeckung, dass Gott uns nicht nur im Kind in der Krippe entgegenblickt, sondern aus jedem menschlichen Antlitz, mag es uns vertraut oder fremd sein. Mit dieser Entdeckung wird die Freude der Weihnacht sich nicht auf die Festtage beschränken, sondern wachsen. Hin zur vollkommenen Freude, die Gott für uns bereit hält.

12 // Christ, der Retter, ist da

> Heute ist euch in der Stadt Davids der Retter geboren;
> er ist der Messias, der Herr.
>
> Lukas 2,11

Jedes Jahr wählt die Gesellschaft für deutsche Sprache ein »Wort des Jahres« aus. Für 2012 hatten die Sprachforscher aus über zweitausend eingereichten Begriffen das Wort »Rettungsroutine« ausgewählt. Von Politikern war »eine Art Rettungsroutine« beklagt worden, die sich bei den Hilfen für die Euro-Währung inzwischen eingestellt habe. In der Tat: Wie viele »Rettungsschirme« sind in den letzten Jahren schon aufgespannt und wie viele »Rettungspakete« geschnürt worden! Die Gesellschaft für deutsche Sprache hat ihre Wahl des Wortes »Rettungsroutine« mit der widersprüchlichen Bedeutung der beiden Wortbestandteile begründet: Während »Rettung« im eigentlichen Sinn eine akute, einmalige und abgeschlossene Handlung bezeichnet, meint »Routine« einen wiederkehrenden, gar auf Dauer angelegten Vorgang.

Rettung und Erlösung sind zentrale Begriffe unseres Glaubens. Es gibt wohl kein Fest im Kirchenjahr, das so sehr als Fest der Erlösung bezeichnet und besungen wird wie das Weihnachtsfest. Ist das nicht auch längst eine Routine? So eine Art weihnachtliche »Rettungsroutine«? Und haben nicht die Sprachforscher recht, wenn sie von einem inneren Widerspruch sprechen, der sich da auftut? Spüren wir diesen Widerspruch nicht auch bei dem, was wir an Weihnachten tun? Wenn wir mit Rettung normalerweise einen einmaligen wirksamen Vorgang meinen, dann stellt sich die Frage, wie es um den Retter steht, der vor zweitausend Jahren geboren wurde – nicht als irgendein Retter unter vielen, sondern als der Retter der Welt? Das ist ja der Anspruch, den die Weihnachtsbotschaft beinhaltet. Um nichts Geringeres geht es als um die Rettung der ganzen Welt! Hat Jesus das bewirkt? Hat er diesen Ehrentitel verdient? Die Welt sieht wahrhaftig nicht so aus, als sei sie schon wirksam gerettet. Dann wären ja alle Rettungsmaßnahmen längst überflüssig!

»Die Ereignisse in der Welt respektieren Weihnachten nicht« (Joachim Wanke). Auseinandersetzungen und Schwierigkeiten hören nicht auf. Das gilt für die großen, die globalen Zusammenhänge. Das gilt für die überschaubaren Zusammenhänge unseres eigenen Lebens. Es mag zwar eine Weihnachtspause geben, aber sie kann letztlich nicht hinwegtäuschen über die Probleme, deren Lösungen dringend anstehen. Wenn die

Feiertage verklungen sind, werden sie sich unerbittlich wieder zu Wort melden: das drängende Problem des Klimawandels, die Bewältigung der Schuldenkrise in Europa, die Krisenphänomene und Umbrüche in unserer Kirche ... und jeder wird leicht weitere Problemlagen aus dem eigenen unmittelbaren Lebensumfeld anfügen können.

Worin liegt dann das Erlösende des Weihnachtsfestes? Wie können Christen da an Weihnachten vollmundig von der Welterlösung reden und singen, wenn wir nicht einmal die Lösungen zustande bringen, zu denen wir durchaus die Schlüssel in den Händen hätten? Wahrscheinlich liegt die Antwort gerade darin, dass wir andersherum denken müssen: Wir tun uns mit den konkreten Lösungen oft so schwer, weil wir zu wenig von Erlösung reden, weil wir zu wenig von der Erlösung her denken, weil wir zu wenig von ihr her leben.

Wenn Gott in Christus Mensch wird und dabei Gott bleibt, wenn Jesus also wahrer Gott und wahrer Mensch ist, »der Sohn, der am Herzen des Vaters ruht« (Johannes 1,18), dann ist die Welt nicht mehr ein in sich geschlossenes System, dann dreht sich die Erde nicht mehr bloß um sich selbst. Dann gibt es ein ganz neues Zueinander und Offensein füreinander zwischen Himmel und Erde. Der Schweizer Theologe *Hans Urs von Balthasar* hat es einmal so auf den Punkt gebracht: »Weihnachten ist nicht ein innergeschichtliches Ereignis, sondern der Einbruch der Ewigkeit in die Zeit.« Im biblischen Buch der Weisheit heißt es: »Als die Nacht bis zur Mitte gelangt war, da sprang dein allmächtiges Wort vom Himmel« (Weisheit 18,14–15). Der Satz erinnert an die Nacht des Pascha, des Auszugs aus Ägypten. Christliche Tradition hat diesen Vers aber immer auch verstanden als Hinweis auf das Kommen Jesu in der Nacht von Betlehem. Wenn es aber wahr ist, dass Weihnachten der »Einbruch der Ewigkeit in die Zeit« ist, dann ist auch Ostern kein bloß innergeschichtliches Ereignis, sondern der »Ausbruch des Auferstandenen aus der Geschichte in die Ewigkeit«. Die Öffnung, die dadurch zwischen Himmel und Erde entstanden ist, mag man ignorieren, mag sie nicht sehen und nicht daran glauben wollen, aber sie wird sich nicht mehr schließen. Wer sie aber glaubt, dem wird ein neues Lebensgefühl geschenkt. Der sieht die Welt mit anderen Augen. Weihnachten feiern als Fest der Erlösung heißt, die weihnachtliche Öffnung der Welt zu feiern, ihre Befreiung aus der Selbstverschlossenheit, in die sie sich so oft hineinmanövriert.

Könnte es also nicht so sein, dass die konkreten Lösungen, die wir für die konkreten Probleme unserer Welt brauchen, sich leichter finden lassen, wenn wir glauben dürfen, schon erlöst zu sein? Das hieße, aus dem gläubigen Bewusstsein heraus zu leben, für unsere Probleme und ihre Lösungen nicht bloß zurückgeworfen zu sein auf uns selbst. Gott selbst hat uns an Weihnachten eine Tür geöffnet, die wir durchschreiten sollen in die Weite seiner Weisheit und Liebe hinein.

Das Geschenk der Erlösung macht nicht die Lösungen überflüssig, zu denen wir herausgefordert sind. Doch wie oft denken wir: »Erst müssen die konkreten Dinge gelöst werden, danach können wir uns mit den grundsätzlichen Fragen dieser Welt beschäftigen.« Unsere Sprache ist verräterisch: »Wir können die Welt nicht erlösen«, sagen wir, und das stimmt ja. Wir können die Welt nicht erlösen. Sollten wir damit aber meinen, dass die Welt letztlich nicht mehr zu retten ist, dann hätten wir sie schon aufgegeben. Das aber wäre ein Ausdruck mangelnden Glaubens und mangelnder Hoffnung.

Nicht von den Lösungen her kommt die Erlösung. Erlösung ist nicht die Summe aller Lösungen. Nein, umgekehrt: Von der Erlösung her kommen leichter Lösungen in Sicht. Vieles in Kirche und Gesellschaft kommt uns deshalb so schwer und verkrampft vor, weil uns der große Atem der Erlösten ausgegangen ist und wir zu sehr den rein pragmatisch-technischen Lösungen hinterherhecheln. Wo nicht der große Atem der Erlösung spürbar ist, da geht uns auch die Puste für Visionen aus.

Wer mit halbwegs offenen Augen durchs Leben geht, der sieht, dass diese Welt nicht in dem Sinn erlöst ist, dass Gott sie bereits in ein zweites Paradies verwandelt hätte. Das haben aber selbst die frühen Christen nicht behauptet. Denken wir nur an den Apostel Paulus, der der Christengemeinde in Rom schreibt: Ja, »wir sind gerettet, doch in der Hoffnung. Hoffnung aber, die man schon erfüllt sieht, ist keine Hoffnung« (Römer 8,24). *Papst Benedikt,* der in seiner Enzyklika *Spe Salvi* diesen Satz des Paulus auslegt, gibt offen zu: »Die ›Erlösung‹, das Heil ist nach christlichem Glauben nicht einfach da. Erlösung ist uns in der Weise gegeben, dass uns Hoffnung geschenkt wurde, eine verlässliche Hoffnung.«

Die Hoffnung auf Rettung, die uns Christen erfüllt, ist durch die Geschichte bis heute noch nicht widerlegt worden. Dass Gott in jener Nacht von Betlehem, in der Geburt des göttlichen Kindes seinen Rettungsanker für diese Erde ausgeworfen hat, ist nicht widerlegt. Und es gilt umgekehrt: Wie viele, angefangen von den Hirten, haben dem Wort des Engels geglaubt und sind nicht enttäuscht worden. Wie viele haben seitdem der Botschaft geglaubt, dass Gott diese Welt, unsere

Welt – trotz allem – nicht aufgegeben hat, sondern sich mit ihr noch enger verbunden, ja, sich unwiderruflich an diese Welt gebunden hat, indem er selbst in Jesus Christus Mensch wurde unter uns Menschen.

Das ist mit der Erlösung und Rettung gemeint, die wir an Weihnachten besingen: Wir Menschen sind beileibe noch nicht aus allen Abgründen und Dunkelheiten befreit, in die wir hineingeraten sind. Aber das »Rettungsseil« ist von Gott her schon ein für allemal ausgeworfen. Wir können es ergreifen. Wenn wir die Wahrheit des Wortes von der Rettung auch nicht mathematisch beweisen können, wenn für jeden normalen Verstand zu sehen ist, wie viel Unerlöstes es noch in unserer Welt gibt, so ist die Botschaft von Weihnachten doch kein bloß nostalgischer Traum, kein Märchen, das zwar tröstlich, aber leider frei erfunden ist. Ungezählte haben vor uns schon im Glauben ihr Leben auf Gottes Rettung gebaut und darin für ihr Leben einen Halt gefunden, den sie selbst und andere Menschen ihnen nicht hätten geben können. Ihr Leben bezeugt, dass der Engel damals nicht gelogen hat, dass der Engelgesang kein Sirenengesang war.

Vor Jahren hat mir ein Meister des spirituellen Lebens, Willi Lambert SJ, folgendes Erlebnis erzählt: Eine Frau beobachtete an einem Fluss einen etwa siebenjährigen Jungen, der von einer Brücke aus angelte.

Die selbstgefertigte Angel bestand aus einem Stab und zwei roten Schnürsenkeln, die zusammengebunden waren. Kein Haken dran, kein Köder und das Ende der Angelschnur ein paar Meter frei über dem Wasser baumelnd. Die Frau fragte den Jungen: »Und damit willst du etwas fangen?« Die prompte Antwort: »Ich tu so, als ob es ginge!«

Das heißt glauben: darauf vertrauen, dass es geht! So leben, als ob es ginge – und dann im Leben erfahren, dass es geht. »Ich setzte den Fuß in die Luft / und sie trug« (Hilde Domin). Auf diese Weise zeigt sich die Wahrheit der Weihnachtsbotschaft.

Es ist Gott, der große Menschenfischer, der seine Angel nach uns ausgeworfen hat. Er ist immer noch der Meinung, dass es geht – mit uns. Dass wir seine rettende Schnur ergreifen. Er gibt die Hoffnung nicht auf. Denn er ist der Retter. Und bei ihm gibt es keine geistlose Routine.

13 // Das göttliche Kind und die Kinder Gottes

Und das soll euch als Zeichen dienen: Ihr werdet ein Kind finden, das, in Windeln gewickelt, in einer Krippe liegt.

Lukas 2,12

Gott ist Kind geworden, damit wir Menschen Kinder Gottes werden. Das ist die Freudenbotschaft der Weihnacht. Wir feiern das göttliche Kind in der Krippe, weil es uns die Chance gibt, Kinder Gottes zu werden. Was das Lukasevangelium in der Weihnachtsgeschichte erzählt – die Botschaft der Engel von der Ankunft des Friedensfürsten und Retters in einem neugeborenen Kind –, davon spricht das Johannesevangelium gleich zu Beginn in einem Hymnus, einem Preislied auf den Mensch gewordenen Gott. In feierlicher Sprache heißt es:

Im Anfang war das Wort,
und das Wort war bei Gott
und das Wort war Gott.
Im Anfang war es bei Gott.

Alles ist durch das Wort geworden,
und ohne das Wort wurde nichts,
was geworden ist.
In ihm war das Leben,
und das Leben war das Licht der Menschen.
Und das Licht leuchtet in der Finsternis,
und die Finsternis hat es nicht ergriffen …
Er, das Wort, war in der Welt,
und die Welt ist durch ihn geworden,
aber die Welt erkannte ihn nicht.
Er kam in sein Eigentum,
aber die Seinigen nahmen ihn nicht auf.
Allen aber, die ihn aufnahmen,
gab er Macht, Kinder Gottes zu werden …

Johannes 1,1–5.10–12a

In diesem Hymnus wird der Menschgewordene nicht als Kind bezeichnet. Er bekommt andere, hoheitsvolle Titel: Wort, Leben, Licht. Und dennoch ist auch hier die Rede vom Kind, allerdings in der Mehrzahl: »Allen, die ihn aufnahmen, gab er die Macht, Kinder Gottes zu werden« (Johannes 1,12).

Ist das ein beglückendes Geschenk, »Kind« zu werden?

Sicher, manchmal wünschen wir uns in einem Anflug von Nostalgie, noch einmal Kind zu sein, vielleicht gerade in den Weihnachtstagen. Aber wollten wir es im Ernst: noch einmal zurück? Noch einmal alles von vorne lernen? Noch einmal Kinderängste und -krankheiten durchleben? Wir sind doch zumeist froh um die Erfahrungen, die wir gemacht haben, und das, was wir als Kinder und Jugendliche – oft mühsam und schmerzlich – gelernt haben.

Wie oft heißt »Kind sein« auch: nicht ernst genommen zu werden, hilflos dazustehen. Wenn es heute nach Jahren eines breiten Wohlstands für viele mitten unter uns wieder eine neue Armut gibt, dann müssen wir zur Kenntnis nehmen, dass davon in erschreckend hohem Maß Kinder betroffen sind. Sie sind die schwächsten Glieder unserer Gesellschaft, gerade weil sie diejenigen sind, die über keine Stimme und keine Macht verfügen.

Aber so wahr das ist und so wenig es uns kalt lassen darf, es gibt auch eine andere Seite des Kindseins. Sie ist im Evangelium gemeint, wenn Johannes von der »Macht«, Kind Gottes zu sein, spricht. Mit welcher Selbstverständlichkeit fühlen Kinder sich zugehörig zu einer Familie: Sie sitzen an der Festtagstafel der Familie unter den Großen, ohne sich Gedanken zu machen: Sitze ich hier richtig? Darf ich das? Habe ich das verdient? Das sind Fragen, mit denen wir Erwachsenen uns herumschlagen. Denn wir haben die Unbefangenheit des Anfangs verloren.

Wie selbstverständlich nehmen Kinder – zumindest in der Regel – die Eltern oder Großeltern mit ihren Anliegen in Beschlag. Beneidenswert! Wie viele Gedanken machen wir Erwachsenen uns, ob wir jemand mit einer Sache behelligen dürfen und wie er/sie wohl darauf reagieren wird. Kinder nehmen uns auch deshalb in Beschlag, weil sie intuitiv davon ausgehen, dass Vater und Mutter alles können. Mit welchem Vertrauen gehen sie Situationen an in der Überzeugung, die Eltern stehen hinter ihnen und helfen, wenn's brenzlig wird.

So gesehen ist es eine Gnade, (noch) Kind zu sein – vorausgesetzt: Das Kind hat gute Eltern. Doch davon dürfen wir bei Gott ausgehen. Ein Familienvater hat mir einmal gesagt: Ich habe Vertrauen zu Gott, denn ich glaube nicht, dass er kleinlich-berechnend ist, sofort beleidigt und nachtragend. Denn ich selbst versuche auch meinen Kindern gegenüber geduldig und nicht kleinlich zu sein. Ich kann mir nicht vorstellen, dass Gott ein schlechterer Vater ist, als ich selbst es sein will.

Eine solche Erfahrung hilft verstehen, wie das Johannesevangelium von der »Macht«, Kind Gottes zu sein, reden kann: Wer sich von Gott so angenommen und bei ihm zu Hause fühlt wie ein Kind in einem guten Elternhaus, dem wird ein neues Lebensgefühl geschenkt. Wer mit kindlichem Vertrauen sich an Gott wendet, wer glaubt, dass Gott alle Macht gegeben ist im Himmel und auf Erden und dass bei ihm alles möglich ist, der bekommt selbst in gewissem Sinn »Macht« über Gott, so wie Kinder Macht über die Herzen Erwachsener haben. Das jedenfalls ist das Zeugnis der Heiligen. Wie viele Heilige haben mit ihrem Glauben Berge versetzt, die andere für unüberwindbar hielten (Matthäus 17,20), haben Dinge bewirkt, die sie sich selbst und andere ihnen nie zugetraut hätten!

Damit ist die »Macht« der Kinder Gottes aber noch nicht ausgeschöpft. Denn sie ist nicht nur Macht über das Herz Gottes, sondern sie bedeutet auch eine ungeahnte Freiheit im Umgang mit der Welt und den Menschen. Wenn ich Gott als meinen Vater verstehe, dann stehe ich nicht allein auf weiter Flur und nicht mit dem Rücken an der Wand. Nein, ich weiß den himmlischen Vater im Rücken. Das verändert das Lebensgefühl grundlegend: Denn es gibt mir eine ganz neue Weise der Gelassenheit. Und es gibt eine neue Freiheit, den Menschen zu begegnen. Auch das beweist der Blick in die Glaubensgeschichte: Immer wieder hat es Christen gegeben, die vor die Tribunale der Macht gezerrt wurden und dort mit einer inneren Freiheit standen, die die Gegner hilflos aussehen ließ, auch wenn sie am Ende äußerlich die Überlegenen blieben.

Die Macht der Kinder Gottes ist zuerst und vor allem eine innere Macht. Sie zeigt sich übrigens nicht erst unter dramatischen Umständen: Sie kann zum Beispiel für uns einfach darin bestehen, eine größere innere Unabhängigkeit zu gewinnen gegenüber Moden, Zeitströmungen und Sachzwängen, die uns Heutige umtreiben und in den Griff zu bekommen versuchen.

Die einzige Bedingung dafür, dass sich die Macht Gottes in uns auswirken kann, heißt, ihn aufzunehmen: Gott im Haus unseres Lebens Platz zu geben. Um uns davon zu überzeugen, setzt Gott keine Gewalt, sondern eine List ein:

Ihr werdet ein Kind finden,
das, in Windeln gewickelt,
in einer Krippe liegt.
Lukas 2,12

Gott schaut uns mit den Augen eines Kindes an, streckt die Arme eines Kindes nach uns aus. Denn er weiß, dass – wenn etwas Macht über uns hat und unser Herz berührt – es das Lächeln und die ausgestreckte Hand eines Kindes ist.

14// Ehre für Gott, Friede den Menschen

> Und plötzlich war bei dem Engel ein großes himm-
> lisches Heer, das Gott lobte und sprach: Verherrlicht
> ist Gott in der Höhe und auf Erden ist Friede bei den
> Menschen seiner Gnade.
>
> Lukas 2,13–14

»Wo bist du, Adam?« ist die Frage, die nach der Schöp-
fungserzählung der Bibel (vgl. Genesis 3,9) an den Beginn der Welt und damit an den Ursprung des Menschen zurückführt: ins Paradies. Allerdings ist es das
Paradies nach dem Sündenfall, das Paradies, das bereits den entscheidenden Riss bekommen hat. »Wo
bist du, Adam?«, so fragt der Schöpfer, nachdem der
Mensch von der verbotenen Frucht gegessen hat und
sich seiner Nacktheit bewusst geworden ist. »Wo bist
du, Adam?« ist im biblischen Schöpfungsmythos nicht
nur die Frage Gottes an einen individuellen Menschen,
es ist die Frage Gottes an den Menschen überhaupt,
jedweden Geschlechts und jedweder Zeit. »Wo bist
du, Adam?«, das heißt: Wo stehst du, Mensch? Wie
stehst du zu mir? Und: Wie stehst du zu dir selbst? Es

ist die urtümlichste und tiefste Frage jeder Gewissenserforschung, die Frage des Menschen nach sich selbst.

Mich berührt ein Gedicht des expressionistischen
Dramatikers und Schriftstellers *Georg Kaiser,* dessen
Stücke in den ersten Jahrzehnten des letzten Jahrhunderts sehr bekannt waren und viel gespielt wurden,
heute aber weitgehend in Vergessenheit geraten sind.
Das Gedicht von Kaiser trägt den Titel »Flehruf« und
ist ein Gebet an den Schöpfer.

Nicht, mächt'ger Schöpfer, lasse so geschehn,
wenn du zerfallne Formen wandelnd richtest,
daß Mensch ich wieder. Dies mein Sterbensflehn,
bevor du jetzt mich odemlos vernichtest.

Mach' mich zum Baum, den bald der Beilhieb fällt.
Zur Ratte in dem gift'gen Maul der Schlange.
Zum Fuchs, der sich im Eisen heiser bellt.
Zum Lamm verzuckend in des Wolfes Fange.

Mach' mich zum Wurm, den jeder Schuh zertritt.
Zum Vogel mit zerbrochenem Gefieder.
Mach' leiden mich wie nie solch Wesen litt.
Lass' so mich endlos sein. Nur Mensch nicht wieder.

Georg Kaisers »Flehruf« ist ein Gebet der Verzweiflung, formuliert in der Todesstunde. In diesem Gedicht bekennt der Dichter, dass er, am Ende seines Lebens angekommen, durchaus bereit ist, wieder ein Geschöpf zu werden. Er ist bereit, alles zu werden, selbst die einfachste, niedrigste Kreatur; er ist bereit, auch zu leiden wie »ein Wurm, den jeder Schuh zertritt«; er ist bereit, zu leiden wie »ein Vogel mit zerbrochenem Gefieder«; er ist bereit, alles zu werden: »Nur Mensch nicht wieder.« Ein erschütternder Schluss. Welche Erfahrungen den 1945 verstorbenen Dichter zu diesen Sätzen veranlasst haben, mag man ahnen. Wie viele Menschen würden sich wohl in unseren Tagen, auch an Weihnachten, den »Flehruf« von Georg Kaiser zu eigen machen? Auch das kann ich nur ahnen, wenn ich an Menschen denke, die unheilbar krank sind und keine Perspektive auf Besserung haben, oder an pflegende Angehörige, die hilflos das Leiden eines lieben Menschen mit ansehen müssen, oder an Menschen, die sagen: Ich bin ja bereit, Schmerzen zu ertragen, wenn es nur nicht in der Deutlichkeit eines menschlichen Bewusstseins geschähe, und die deshalb ihres Lebens überdrüssig sind. Was ist mit Menschen, die in menschenunwürdigen Verhältnissen gefangen sind: die modernen Sklaven unserer Zeit in Zwangsarbeit, Menschenhandel, Zwangsprostitution, Kinderarbeit…

»Verherrlicht ist Gott in der Höhe und auf Erden ist Friede bei den Menschen seiner Gnade« (Lukas 2,14). Es steht zu befürchten, dass es auch an Weihnachten auf unserem Planeten Ungezählte gibt, die sich den bitteren Ruf des »Nie wieder« leichter zu eigen machen können als die Botschaft der Heiligen Nacht von Gottes Herrlichkeit und dem Frieden für uns Menschen auf Erden.

Die Botschaft von Weihnachten feiert nicht bloß die Geburt irgendeines menschlichen Kindes, sondern die Menschwerdung Gottes selbst. Gott kommt in diese Welt. Er wird Mensch, nimmt menschliches Gesicht und einen menschlichen Namen an: Jesus von Nazaret. In ihm wird Gott dem Menschen gleich in allem, bis hinein in den Tod (vgl. Philipper 2,7). Wäre es vorstellbar, dass auch Jesus zu denen gehört, die sich die Bitte des Dichters zu eigen machen? Wir brauchen uns nur in Erinnerung zu rufen, was der in Betlehem Geborene hier auf der Erde durchmachen wird, angefangen von den widrigen Umständen seiner Geburt, der Verfolgung und Flucht, über das Unverständnis der Zeitgenossen und den Verrat aus den eigenen Reihen bis hin zu Passion und Tod am Schandpfahl des Kreuzes. Hätte Jesus nicht allen Grund, dem Vater zu sagen: »Vater, zu allem bin ich nach deinem Willen bereit. Nur Mensch werden, nie wieder!« Wer, wenn nicht der Sohn, hätte allen Grund, so zu sprechen. Wusste er doch wie kein anderer, was Lebensfülle, was Gemeinschaft, was Licht und Glückseligkeit ist. Wer würde ihm verdenken, wenn er sich zum Anführer derjenigen machen würde, die sagen: »Nie wieder in die Dunkelheiten der Welt und die Nächte des menschlichen Lebens!«

Doch es ist uns kein solches Wort von Jesus überliefert. Nicht einmal vom Kreuz her, der dunkelsten Stunde seines Lebens. Die Klage ist da, ja; der Verlassenheitsruf, aber kein »Nie wieder«. Und so ist auch seine Rückkehr zum Vater keine Abkehr von unserer Welt. Jesus ist nicht zurück in den Himmel gegangen, um hinter sich die Tür zuzumachen. Er ist in unsere Welt gekommen, um zu bleiben. Er hat seine Gegenwart nicht zurückgezogen, im Gegenteil: Mit der Sendung des Geistes hat er seine Gegenwart ausgeweitet, überschreitet er die Grenzen aller Räume und Zeiten und kann sich noch inniger verbinden mit jedem Menschen, der damit einverstanden ist.

In seinem Geist lebt Jesus in uns, und so nimmt er in Wahrheit Anteil an unserem menschlichen Schicksal. Denn es ist ja nicht so, als ob die Gabe des Geistes eine Einbahnstraße wäre, als ob der Geist Gottes ein pures Instrument wäre, mit dem Gott uns in seinem Sinne instruieren wollte. Nein, in seinem Geist nimmt Gott am Geschick jedes Menschen teil, freut er sich mit uns und weint er mit uns. Mehr noch: Jesus, der Menschgewordene, freut sich in uns, und er, der Menschgewordene, weint in uns. Er jubelt, wo immer ein Mensch jubelt, er singt in uns und er leidet, wo immer ein Mensch leidet.

So einzigartig das Geschehen von Betlehem auch ist, so sehr will Gott doch Mensch sein auch in uns. Nichts anderes meint der berühmte Ausruf des Angelus Silesius:

Wird Christus tausendmal zu Bethlehem geborn
und nicht in dir; du bleibst noch ewiglich verlorn.

Der Menschgewordene bleibt Mensch: Das bezeugt der Geist in uns. Weil wir Menschen aber keine reinen Geistwesen sind, wollte Jesus auch fassbar unter uns bleiben, liegt er nicht nur als das Kind in der Krippe, sondern auch in der Gestalt des Brotes auf dem Altar. Krippe und Altar gehören zusammen. »Betlehem« heißt auf Deutsch »Haus des Brotes«. Bis auf den heutigen Tag wird in der koptischen Kirche das Brot für die eucharistische Feier in einem Ofen gebacken, der mit der Kirche verbunden ist und »Betlehem« heißt. Im Brot der Eucharistie wird das Wort Gottes Fleisch in unserer Mitte.

Christi Gegenwart in seinem Geist und in seinem Leib wollen uns sagen: Der Menschgewordene ist nicht bloß reiner Gedanke, und er ist auch nicht bloß eine heilige Sache. Nein, er ist Geist und Leben, ist lebendige Wirklichkeit. Er ist Person: Gott und Mensch zugleich.

»Wo bist du, Adam?«, so lautet die Frage des Schöpfers an den Menschen, der sich ins Dunkel geflüchtet hat. Seit der dunklen Nacht von Betlehem stehen wir Menschen mit der Antwort auf diese Frage nicht mehr allein. Denn in Jesus ist der neue Adam geboren, der Mensch, wie er dem Bild und Willen Gottes ganz entspricht. Der neue Adam hilft uns, auf die Frage des Vaters zu antworten. Er ist es auch, der uns die Kraft gibt, aus der Dunkelheit ins Licht zu treten und zu sagen: »Hier bin ich, Gott, in meiner Größe und in meiner Blöße. Ich danke dir, dass du mich als Mensch geschaffen hast. Noch mehr danke ich dir, dass du selbst Mensch geworden bist. So hilfst du mir, den Namen Mensch mit Stolz zu tragen und der Botschaft der Engel zu glauben: Verherrlicht ist Gott in der Höhe und auf Erden ist Friede bei den Menschen seiner Gnade.«

15 // Transeamus!

Als die Engel sie verlassen hatten und in den Himmel
zurückgekehrt waren, sagten die Hirten zueinander:
Kommt, wir gehen nach Betlehem, um das Ereignis zu
sehen, das uns der Herr verkünden ließ. So eilten sie
hin und fanden Maria und Josef und das Kind, das in
der Krippe lag. Als sie es sahen, erzählten sie, was ihnen über dieses Kind gesagt worden war. Und alle, die
es hörten, staunten über die Worte der Hirten.

Lukas 2,15–18

Das Weihnachtsevangelium endet nicht mit dem Ge-
sang der Engel, sondern erzählt von der Reaktion der
Hirten. Beides gehört zusammen: die Botschaft, die da
verkündet wird, und die Reaktion der Hirten. Es bleibt
nicht bloß beim Engellied, es bleibt nicht nur beim
Himmelslicht. Das Ganze hat Folgen: *Transeamus!*
Kommt, wir gehen hinüber! Wir kennen den Ausruf
der Hirten, so wie er in der lateinischen Bibelüberset-
zung der Vulgata lautet, aus einem beliebten schlesi-
schen Chorwerk aus dem 18. Jahrhundert:

Transeamus usque Bethlehem
et videamus hoc verbum quod factum est.

Transeamus! Auf, lasst uns gehen! Da war sicher Neugier dabei. Aber es steckt mehr dahinter. Wenn es bloß um ein Sensatiönchen gegangen wäre, wären die Hirten von Betlehem längst vergessen. Aber die aufbrechenden Hirten tun mehr, wenn sie ihre angestammten Plätze verlassen und zur Krippe gehen: Sie sind die ersten zaghaft Glaubenden. Fortan wird es im Evangelium immer wieder so sein: Wo dieser Jesus auftritt, da geraten Menschen in Bewegung, brechen auf, folgen ihm nach. Entweder ist er es, der ruft, wie bei den ersten Jüngern Simon und Andreas (Markus 1,16–20), oder Menschen stoßen sich selbst in die Rippen und folgen ihm, bis er sich ihnen zuwendet und sie anspricht (vgl. Johannes 1,35–51).

In dem »Transeamus! Auf, lasst uns gehen!« der Hirten ist die ganze Bewegung des Evangeliums beschrieben, seit der ersten Weihnachtsnacht bis heute. Die Bewegung, die da begonnen hat, wird nicht mehr abreißen.

Die Dynamik des Anfangs hat ihre Kraft nicht verloren, weil die Hirten nicht die Ersten sind, die sich selbst auffordern und sagen: »Lasst uns gehen!« Der Erste, der dieses Wort spricht, ist der dreifaltige Gott selbst. Deshalb liegt in dem *Transeamus!* ein Schwung, der nicht erlahmt und sich nicht totläuft. Aufzubrechen zu uns Menschen hin ist die Urbewegung Gottes.

Davon spricht uns die Bibel von der ersten bis zur letzten Seite. Gott kommt auf den Menschen zu. Er bleibt keine kalte Majestät hinter den Sternen, sondern will sich mitteilen, will in das Leben der Menschen und an ihre Seite treten. Und wo immer jemand dafür offen und empfänglich ist, bleibt nichts einfach wie es vorher war, sondern da kommt etwas in Bewegung. Abraham lässt seine gesicherte Umgebung zurück, Mose wird zum Anführer und Retter eines ganzen Volkes, das aufbricht, auszieht, hinüberzieht: durchs Schilfmeer und über den Jordan. *Transeamus!*

Für den biblischen Glauben ist es also gar nichts Besonderes, aufzubrechen und loszuziehen. Und doch kommt in der Erzählung der Weihnachtsnacht etwas hinzu, das ganz und gar einmalig und neu ist: Gott geht mit solcher Macht auf uns Menschen zu, dass die Kategorien der Trennung zwischen Gott und Mensch ins Wanken geraten. Indem Vater, Sohn und Geist sozusagen in einem liebenden Selbstgespräch (vgl. Ignatius von Loyola, Geistliche Übungen Nr. 107) zueinander sagen: »Kommt, lasst uns gehen zu den Menschen!« Gott überschreitet die Grenze, die zwischen Gott und Mensch gezogen ist. Weihnachten ist das Fest der Grenzüberschreitung Gottes auf uns zu.

Aber wie geht das, wenn Gott seine Grenzen überschreitet? Sind Grenzen nicht auch Sicherheitslinien?

Brauchen wir Menschen nicht geradezu einen Sicherheitsabstand zu Gott? Was nun, wenn er sich so naht, dass die Grenzen verwischen zwischen oben und unten, zwischen Himmel und Erde? Wird da der Mensch nicht einfach zunichte, weil doch neben Gott nichts bestehen kann? Das ist das Großartige: Gott kommt in seiner ihm eigenen Weise, so zurückhaltend, so sanft, dass wir Menschen es ertragen können! Gott überschreitet die Grenzen, aber er zersprengt sie nicht, sondern er respektiert sie. Das ist sein Weg, und deshalb naht er sich so menschlich im Kind von Betlehem, im Mann aus Nazaret.

Das Weihnachtsfest bedeutet eine radikale Änderung unseres Gottesbildes: Gott, der so von uns Menschen Verschiedene, überwindet den Abgrund, der uns von ihm trennt, überschreitet die Grenzen, und doch lässt er uns ganz Mensch sein, weil er die Grenzen der Welt und der Menschen annimmt. Er nimmt sogar das Risiko in Kauf, dass wir Menschen ihn deshalb übersehen. Denn was war das denn schon für ein Ereignis, das die Hirten damals zu Gesicht bekamen? Ein einziges Kind! Vielleicht hatte jede einfache Hirtenfamilie schon mehr Kinder als die beiden jungen Leute aus Nazaret! Aber offensichtlich ist den Hirten der Blick für den Glanz nicht verlorengegangen, so dass ihr Aufbruch sich gelohnt hatte und bis heute erzählenswert ist.

Transeamus! Das ist der Aufbruch der Hirten nach Betlehem hin zu dem göttlichen Kind, aber vor allem ist es das Aufbrechen Gottes, seine Bewegung zu uns Menschen hin, seine Grenzüberschreitung.

Transeamus! Auf, ihm nach! Das ist die Bewegung, in die so viele Menschen – angefangen von den ersten Jüngern – geraten sind, und dabei wurden sie über Grenzen hinausgetragen, wie wir Menschen das nie für möglich gehalten hätten.

Und wir? Wie springt auf mich der weihnachtliche Funke über? Der erste Schritt besteht sicher darin, überhaupt zu glauben, dass Gott seit der Nacht von Betlehem mir wirklich menschlich nahe ist, und damit zu rechnen, dass er auch auf mich zutreten will. Und ein Zweites: Wenn Gott so sehr ein Gott ist, der Grenzen überschreitet, kann ich mich dann verschließen? Die Botschaft der Heiligen Nacht kann mich beflügeln, bewusst Grenzen zu überschreiten, die trennen: gedankliche, ideologische Grenzen – Grenzen, die ich in den Beziehungen in der Familie setze – Angstgrenzen, die mir immer wieder einreden wollen, dass ich scheitere, dass ich doch nichts ändern kann, dass es doch nicht lohnt.

Hätten die Hirten so gedacht, die Familie von Betlehem wäre in dieser Nacht allein geblieben, die ausgestreckte Hand Gottes leer. Gott sei Dank haben die

Hirten sich von der Grundbewegung Gottes anstecken lassen, und viele Menschen sind im Glauben dieser Bewegung gefolgt. *Transeamus!* Auf, lasst uns gehen!

16 // Botschaft und Glaube

Und alle, die es hörten, staunten über die Worte der
Hirten. Maria aber bewahrte alles, was geschehen war,
in ihrem Herzen und dachte darüber nach.
Lukas 2,19

Wie oft habe ich nun schon die Weihnachtsbotschaft
gehört? Glaube ich ihr mehr als beim ersten Mal? Glaube ich ihr mehr als vor zehn Jahren? Eigentlich müsste
es so sein, wenn der Glaube eine Wirklichkeit ist, die
mit unserem Leben so mitwächst wie unsere Lebenserfahrung. Manchmal ist wohl das Gegenteil der Fall:
dass Menschen der Weihnachtsbotschaft mit zunehmenden Alter weniger glauben. Das kann viele Gründe
haben: Es kann sein, dass sich jemand schlicht keine
Zeit dafür nimmt, sich mit dem Glauben auseinander-
zusetzen, weil der Glaube durch anderes überlagert ist.
Es kann sein, dass jemandem der Glaube langweilig
und uninteressant geworden ist, weil vermeintlich zu
bekannt. Es kann aber auch sein, dass bei jemandem
der Glaube schwächer geworden ist, weil er zu wenig
von der Wirksamkeit des Glaubens spürt. Ich vermute,
dass dies bei den allermeisten der Fall ist, die sich vom

Glauben entfernt haben: Sie konnten den Nutzen zu wenig sehen. Obwohl sie einmal glaubten, wurde ihr Leben nicht leichter als das Leben anderer Leute. Obwohl sie glaubten, waren sie nicht gesünder. Obwohl sie glaubten, waren sie nicht erfolgreicher ... Ein Glaube, der »nichts bringt«? Das kostet Kraft. Das nährt Zweifel. Am Ende fragt man sich: Ist es denn eigentlich wahr? Steckt denn im Wort Gottes, in der Botschaft des Glaubens wirklich so viel Leben und Wahrheit und Licht, wie behauptet wird? Ich spüre so wenig davon.

Keinem, selbst dem Glaubensfestesten nicht (wenn er ehrlich ist), bleibt diese Frage erspart. Das hat seinen Grund darin, dass wir so ungeduldig sind, dass wir – in der Sprache des Glaubens gesprochen – Sünder sind: Wir Menschen wollen keine Samenkörner. Wir wollen immer gleich die Frucht pflücken (Genesis 3,6). Das war schon im Paradies so. Wir wollen das fertige Produkt haben.

Aber der Glaube ist kein Rezept, keine Gebrauchsanleitung, die man nur einmal durchschaut haben muss, um die Hebel richtig zu stellen, und dann geschieht der Rest wie von selbst. So wenig das im Glauben funktioniert, so wenig funktioniert das im übrigen Leben: Das Leben und die Welt sind keine Maschine, die man mechanisch nach einer festen Gebrauchsanweisung in Bewegung setzt.

Auch Gott geht mit der Welt nicht so um: Er, der Freie, hat sie in Freiheit geschaffen. Er, der Freie, will ein freies Gegenüber, keine mechanischen Marionetten. Er respektiert die von ihm geschaffene Freiheit. Deshalb ist die Botschaft von Weihnachten nicht mehr (aber auch nicht weniger) als eine Einladung. Sie ist die Einladung zu glauben, dass es Gott gibt, dass er lebt, dass er sein Leben mit uns teilen will und deshalb in Jesus Christus einer von uns wird. Die ausgestreckten Hände des Kindes in der Krippe sind die ausgestreckten Hände Gottes, die uns einladen wollen. Gott greift nach unserer Hand nicht mit einer Faust, die sich wie ein Schraubstock um uns schließt, um uns zum Glück zu zwingen, sondern greift nach uns mit den leichten, wehrlosen Händen eines Kindes.

Weil das so ist, müssen wir immer wieder neu Weihnachten feiern, müssen dieselbe Botschaft immer wieder von Neuem hören. Immer wieder neu wirbt sie durch das Kind von Betlehem um unser Herz, um unser Einverständnis, sagt sie uns: Komm, schlag ein! Trau mir! Lass dich auf mich ein. Du wirst am Ende nicht enttäuscht. Denn du wirst die tiefe Wahrheit und Tragfähigkeit meines Wortes erfahren. Aber gerade weil es in der Botschaft des Glaubens keine zwangsläufige Automatik gibt, die in unseren Köpfen und Herzen Hebel ein für allemal umstellt, deshalb müssen wir uns selbst immer wieder neu zu unserer Antwort entscheiden. Nicht selten müssen wir uns zu dieser Antwort durchringen, manchesmal zu ihr »durchleiden«. Von Maria heißt es zweimal im Lukasevangelium: »Maria aber bewahrte alles, was geschehen war, in ihrem Herzen« (Lukas 2,29.51). Und ihr Glaube wird herausgefordert werden: »Dir selbst aber wird ein Schwert durch die Seele dringen« (Lukas 2,35).

Für den, der glaubt, ist die Weihnachtsbotschaft nicht bloß eine Erzählung aus uralter Zeit, festgehalten in einem ehrwürdigen Buch, sondern Wirklichkeit. Was im Lukasevangelium von der Geburt Jesu im Stall von Betlehem und den Hirten bildreich erzählt wird, bringt das Johannesevangelium kurz und knapp auf den Punkt: »Das Wort Gottes ist Fleisch geworden« (Johannes 1,14). Es ist nicht bloß Versprechung geblieben, nicht bloß ein Märchen, das am Weihnachtsabend anrührt und tröstet, sondern Gottes Wort und seine Botschaft sind Wirklichkeit. Gottes Wort ist realitätstauglich, ist Hilfe, Weisung, Kraft zum Leben. Und das nicht nur in den Weihnachtstagen, sondern für alle 365 Tage des Jahres. Das ist das eigentlich Frohe der Weihnachtsbotschaft. Das ist aber auch das Herausfordernde an ihr!

Wenn man Statistiken glauben darf, dann wollen mehr als achtzig Prozent der Deutschen sich an den

Weihnachtstagen nicht nur Zeit für die Familie nehmen, sondern auch zu persönlicher Besinnung. In einem alarmierenden Gegensatz dazu steht allerdings die andere Meldung, dass höchstens 15 Prozent der Deutschen hin und wieder in der Bibel lesen. Bei jungen Leuten sei es sogar nur jeder Hundertste. Weihnachten und die stillen Tage zwischen den Jahren können ein Anlass sein, beides miteinander zu verbinden: die Besinnung auf mich selbst und die Besinnung auf das Wort Gottes. Nur da, wo ich in meiner Besinnung nicht allein um mich selbst kreise, sondern dem Wort Gottes in meinem Leben Raum gebe, kann ich die befreiende und tragende Kraft des Glaubens erfahren. Nehmen sie doch die Bibel, das Neue Testament wieder einmal zur Hand. Blättern Sie darin, lesen Sie noch einmal darin, ruhig auch nach dem Zufallsprinzip. Schon manch einer hat auf diese Weise Glaubensworte, die er schon fast vergessen hatte, wieder ganz neu in ihrer überraschenden Kraft entdeckt. So kann das Lesen in der Bibel zur Einladung werden, Gott mein Leben zu öffnen und ihm zu sagen: »Ja, komm, Herr. Die Tür meines Lebenshauses steht dir offen.« Gott wollte ja nicht nur damals Fleisch werden in Betlehem, sondern er will es noch heute, in unserem Leben, in unserer Welt.

17// Heilige Familie?

> Als acht Tage vorüber waren und das Kind beschnitten werden sollte, gab man ihm den Namen Jesus, den der Engel genannt hatte, noch ehe das Kind im Schoß seiner Mutter empfangen wurde.
>
> Lukas 2,21

Verglichen mit dem Rest des Jahres gehen an Weihnachten viele Menschen, vor allem viele Familien, zur Kirche. In einem Interview vor einigen Jahren kommentierte der Freiburger Soziologe Michael Ebertz: In dem weihnachtlichen Kirchgang drücke sich weniger ein Bekenntnis zum Weihnachtsgeheimnis der Menschwerdung Gottes aus, sondern der Kirchgang sei ein Bekenntnis zur Familie. Die Familie stehe in der Wertschätzung der Deutschen sehr hoch, sei vielen das Wichtigste im Leben und an Weihnachten werde eben das gefeiert, was einem wichtig ist. An Weihnachten feiere man so etwas wie die eigene »heilige Familie« und die werde durch den Kirchgang noch einmal geheiligt.

Ich finde diesen Befund sehr interessant und glaube, dass der Wissenschaftler hier etwas Richtiges beobachtet hat: Die Familie ist der Lebensbereich, der trotz aller Schwierigkeiten mit hohen Glückserwartungen verknüpft ist. Vielleicht ist er auch deshalb so oft zum Scheitern verurteilt.

Das Weihnachtsevangelium endet mit der Beschneidung und Namensgebung Jesu acht Tage nach seiner Geburt. Wir können uns vorstellen, wie Maria und Josef mit diesem Fest, wie alle jüdischen Familien, ihren neugeborenen Sohn begrüßen. Der Blick auf die heilige Familie kann in Erinnerung rufen, was uns beim Thema Familie derzeit alles auf den Nägeln brennt in Gesellschaft und Kirche. Es wäre zu sprechen über die Familie als unersetzbare Keimzelle einer Gesellschaft, nicht nur im Sinne der Reproduktion, sondern auch als Schule der Zivilisation und Kultur (nicht zuletzt als Kerngemeinschaft auch von Kirche, wo grundlegend der Glaube gelebt und weitergegeben wird). An einem stabilen familiären Beziehungsgefüge entscheidet sich wesentlich, ob junge Menschen die Ichstärke entwickeln können, die sie brauchen, um Stehvermögen zu haben, um sich nicht verführen zu lassen. Es wäre zu sprechen auch von den Herausforderungen und Belastungen der Familien: den wachsenden Leistungsanforderungen, der komplexen Aufgabe, Familie und Beruf miteinander zu vereinbaren, für die Mütter, aber auch – das entdeckt man mehr und mehr – für die Väter. Wir könnten uns die Situation von Familien vor Augen führen, die zerbrochen sind und in denen faktisch ein Elternteil mit der Sorge um die Kinder allein zurückbleibt. Man könnte auch an das erinnern, was schon von staatlicher und kirchlicher Seite getan wird, um auf diese Herausforderungen zu antworten: Denken wir nur an die Stichworte: Qualitätsmanagement in Kindertageseinrichtungen, Ausbau von Krippenplätzen, Ganztagesschule, Einrichtung von familienfreundlicheren Beschäftigungsverhältnissen, Engagement in der Jugendhilfe, in der Familienbildung, in der Lebens-, Ehe- und Familienberatung usw.

Wenn wir von unserer Situation heute aus zurück auf Maria, Josef und Jesus blicken, dann stellt sich unweigerlich die Frage: Können wir denn von der heiligen Familie realistischerweise etwas lernen? Wir wissen doch im Grunde nichts von ihr, da sich die Evangelien über die für die Familie interessantesten Jahre ausschweigen. Und wie oft wurde das Bild der heiligen Familie als einer heilen Familie im bürgerlichen Sinn in der Vergangenheit beschworen: So als ob das Glück und die Harmonie daran gehangen hätten, dass Jesus Josef an der Hobelbank zur Hand ging oder brav für die Mutter am Brunnen Wasser holte. Das Bild, das die Evangelien im weiteren Verlauf der Geschichte Jesu zeichnen, ist jedoch ein anderes: ein Bild, das voller

Spannung ist, eher typisch für eine normale Beziehung zwischen Eltern und heranwachsenden Kindern, nicht besonders heilig.

Aber täuschen wir uns nicht: Bei den spärlichen Schilderungen über das Leben der heiligen Familie geht es weder darum, sie als eine völlig normale Familie darzustellen noch unsere Familien heute irgendwie religiös absegnen zu lassen, so wie es laut Aussage des Soziologen nicht wenige versuchen.

Was die heilige Familie ausgezeichnet hat, war nicht eine bürgerliche Anständigkeit, wie das die Moralprediger von früher gerne gehabt hätten, und es war auch nicht eine Harmonie des »Seid nett zueinander«, wie es heute vielleicht missverstanden wird. Beides wäre zu wenig.

Zwei Dinge zeichnen die heilige Familie aus: zum einen die Achtung vor dem Geheimnis Gottes, zum anderen ihr Mittelpunkt: Jesus selbst.

Jede der drei Personen Maria, Josef und Jesus hatte Achtung vor der Einmaligkeit der anderen und vor dem unverwechselbaren Auftrag, den Gott jeder von ihnen zugedacht hatte. Josef respektiert den Willen Gottes mit Maria, Maria respektiert die Herkunft Josefs aus dem Davidshaus, die dazu führt, dass sie sich wegen der Volkszählung hochschwanger auf den Weg nach Betlehem, die Davidsstadt, machen müssen. Beide respektieren den Ruf Gottes an ihr Kind, und das Kind respektiert die Rolle der Eltern.

Die Eltern Jesu gingen jedes Jahr zum Paschafest nach Jerusalem. Als er zwölf Jahre alt geworden war, zogen sie wieder hinauf, wie es dem Festbrauch entsprach. Nachdem die Festtage zu Ende waren, machten sie sich auf den Heimweg. Der junge Jesus aber blieb in Jerusalem, ohne dass seine Eltern es merkten. Sie meinten, er sei irgendwo in der Pilgergruppe und reisten eine Tagesstrecke weit; dann suchten sie ihn bei Verwandten und Bekannten. Als sie ihn nicht fanden, kehrten sie nach Jerusalem zurück und suchten ihn dort. Nach drei Tagen fanden sie ihn im Tempel; er saß mitten unter den Lehrern; hörte ihnen zu und stellte Fragen. Alle, die ihn hörten, waren erstaunt über sein Verständnis und seine Antworten. Als seine Eltern ihn sahen, waren sie sehr betroffen und seine Mutter sagte zu ihm: Kind, wie konntest du uns das antun? Dein Vater und ich haben dich voll Angst gesucht. Da sagte er zu ihnen: Warum habt ihr mich gesucht? Wusstet ihr nicht, dass ich in dem sein muss, was meinem Vater gehört? Doch sie verstanden nicht, was er damit sagen wollte. Dann kehrte er mit ihnen nach Nazaret zurück und war ihnen gehorsam. Seine Mutter bewahrte alles, was geschehen war, in ihrem Herzen. Lukas 2,41–51

Immer geht es um das Geheimnis Gottes mit jeder einzelnen Person und um den geheimnisvollen Plan, den Gott mit ihr zusammen vorhat. Und es ist offensichtlich nicht sundhaft, Fragen zu stellen, sich schwerzu tun mit diesem Plan und um ihn zu ringen: Das haben Josef, Maria und Jesus, jeder auf seine Weise, getan.

Ob eine solche Perspektive nicht auch unser Zusammenleben bereichern und erleichtern würde und ihm zugleich eine andere Tiefe gäbe? Uns gegenseitig zuzugestehen, dass Gott mit jedem Einzelnen von uns sein Geheimnis hat und dass unser Lebensglück in nichts anderem besteht, als diesem persönlichen Geheimnis auf die Spur zu kommen und zugleich das Geheimnis im Leben des Anderen zu respektieren.

Am schwierigsten ist das sicher im Zusammenleben mit denen, die einem am nächsten stehen und die man am besten kennt: dort zu akzeptieren, dass ich nicht einfach über den anderen verfügen kann, sosehr ich ihn kenne und liebe; anzuerkennen, dass der andere nicht einfach zu meiner Verfügung steht, sondern meinem Zugriff entzogen bleibt, weil er Geschöpf Gottes ist. Wir gehören letztlich nicht einander, sondern Gott. Wenn wir uns aber von dieser Überzeugung getragen freigeben und freilassen, dann – da bin ich sicher und das zeigt die christliche Erfahrung – finden wir uns auf einer viel tieferen Ebene wieder und sind dort miteinander verbunden. Das war das geheime Elixier der heiligen Familie: nicht bürgerlich-katholische Anständigkeit und nicht der Stil der modernen *happy family,* sondern der Respekt vor dem göttlichen Geheimnis des anderen.

Das Geheimnis Jesu kommt in dem Namen zum Ausdruck, den ihm Maria und Josef geben. Er ist nicht aus einer Vorliebe oder Laune der Eltern heraus gewählt, sondern in Gehorsam zur Botschaft des Engels: »Du wirst ein Kind empfangen, einen Sohn wirst du gebären; dem sollst du den Namen Jesus geben« (Lukas 2,31). Jesus – der Name bedeutet übersetzt: »Gott rettet«, und das ist das Zweite, das wir von der heiligen Familie für heute lernen können: Jesus in die Mitte zu nehmen. Das gilt für alle Familien über die Grenze aller Zeiten hinweg. Das klingt vielleicht überraschend: Macht nicht gerade Jesus das Unverwechselbare der heiligen Familie aus?

Wer so denkt, übersieht, dass gerade Jesus nie nur dieser Familie gehörte. Das ist ja das Besondere, dass er nicht einfach Sohn Marias und Josefs war. Das offenbart sich schon bei der Empfängnis. Es wird deutlicher an der Krippe, wo Hirten und Könige kommen. Beim Zwölfjährigen wird es schmerzlich klar und schließlich, als Jesus sagt: »Jeder, der den Willen Gottes erfüllt, der ist mir Bruder und Schwester und Mutter« (Markus 3,35).

Jesus Platz geben in unseren Familien – was heißt das konkret? Es heißt: seine Botschaft einlassen in unsere Beziehungen, uns sein Wort sagen lassen, nicht nur an Weihnachten. Ihm mehr und mehr Bereiche unseres Lebens öffnen, nicht nur, wenn wir mit menschlichen Kräften und Kenntnissen nicht mehr weiterwissen und Hilfe »von oben« brauchen, sondern auch in den alltäglichen Situationen der Freude, der Langeweile, des Streits. Jesus erlauben, dabei zu sein, das heißt: versuchen, Situationen bewusst aus seiner Perspektive anzuschauen, indem ich ihn frage: »Jesus, wie würdest du das erleben, was würdest du dazu sagen?« Nein, richtiger noch: »Jesus, wie erlebst du das, was sagst du dazu?« Denn er ist ja nicht Vergangenheit, er ist nicht Fiktion, er ist Gegenwart. Er erlebt ja meine Freude, meinen Ärger, meine Wut, meine Enttäuschung, meine Ratlosigkeit.

Wie oft sind wir deshalb so schnell am Ende mit unseren Ideen und mit unseren Mitmenschen, weil wir eingeschlossen bleiben in unserer Perspektive, weil wir sie nicht aufmachen, weil wir gar nicht auf die Idee kommen, sie auf Jesus und damit auf Gott hin zu öffnen. Vielleicht liegt es auch daran, dass wir allein bleiben wollen mit unseren Gedanken, unserem Ärger, weil wir im Recht bleiben wollen mit unserer Ansicht, weil wir den Eindruck haben: Ich habe einen Anspruch auf meinen Ärger und meine Enttäuschung. Ich will sie mir gar nicht nehmen lassen, auch nicht von Jesus.

Ich vermute, dass viele Beziehungen – leider auch unter Christen – aufgrund dieser Haltung so schnell am Ende sind. Wie mit den Menschen, so gehen wir oft auch mit Gott um: Wir wollen bestimmen, wann er sich einschalten darf, wann er uns bitteschön beispringen und wann er sich tunlichst nicht einmischen soll, damit er nicht die Bilder stört, die wir uns längst bereitgelegt haben, weil wir ja die Lösung längst zu wissen meinen …

Warum nicht Jesus um die Lösung in einem Konflikt bitten und mit den Konfliktpartnern etwa in der Familie vereinbaren, gemeinsam in diesem Anliegen zu beten? Warum Jesus nicht nur für die bitten, die ich liebe, um die ich mich sorge, sondern auch für die, die mich stören, ratlos machen, verletzen?

Mit Jesus in der Mitte sind wir allemal dichter am Geheimnis, das Gott in jeden Menschen hineingelegt hat. »Du wärst mit mir bald am Ende, wenn ich nicht eins wäre mit dem, der ohne Grenzen ist«, sagt in einem berühmten Drama des französischen Dichters *Paul Claudel* die Geliebte (Doña Proëza) zu ihrem Liebhaber. Das ist es: Menschen sind schnell, sehr schnell miteinander am Ende, wenn sie nicht glauben können, dass im Anderen das göttliche Geheimnis lebt, das zu respektieren ist. Wo es respektiert wird, wird das Leben zu einer nie endenden Entdeckungsfahrt, in der wir immer wieder auf das große Geheimnis Gottes mit uns Menschen stoßen, der uns zu der einen, zu seiner Familie umgestalten will.

Im Licht des Sterns

Das Weihnachtsevangelium
nach Matthäus

Als Jesus zur Zeit des Königs Herodes in Betlehem in Judäa geboren worden war, kamen Sterndeuter aus dem Osten nach Jerusalem und fragten: Wo ist der neugeborene König der Juden? Wir haben seinen Stern aufgehen sehen und sind gekommen, um ihm zu huldigen. Als König Herodes das hörte, erschrak er und mit ihm ganz Jerusalem. Er ließ alle Hohenpriester und Schriftgelehrten des Volkes zusammenkommen und erkundigte sich bei ihnen, wo der Messias geboren werden solle. Sie antworteten ihm: In Betlehem in Judäa; denn so steht es bei dem Propheten: Du, Betlehem im Gebiet von Juda, bist keineswegs die unbedeutendste unter den führenden Städten von Juda; denn aus dir wird ein Fürst hervorgehen, der Hirt meines Volkes Israel.

Danach rief Herodes die Sterndeuter heimlich zu sich und ließ sich von ihnen genau sagen, wann der Stern erschienen war. Dann schickte er sie nach Betlehem und sagte: Geht und forscht sorgfältig nach, wo das Kind ist; und wenn ihr es gefunden habt, berichtet mir, damit auch ich hingehe und ihm huldige. Nach diesen Worten des Königs machten sie sich auf den Weg. Und der Stern, den sie hatten aufgehen sehen, zog vor ihnen her bis zu dem Ort, wo das Kind war; dort blieb er stehen. Als sie den Stern sahen, wurden sie von großer Freude erfüllt. Sie gingen in das Haus und sahen das Kind und Maria, seine Mutter; da fielen sie nieder und huldigten ihm. Dann holten sie ihre Schätze hervor und brachten ihm Gold, Weihrauch und Myrrhe als Gaben dar.

Weil ihnen aber im Traum geboten wurde, nicht zu Herodes zurückzukehren, zogen sie auf einem anderen Weg heim in ihr Land.

Matthäus 2,1–12

18// Grenzüberschreitung

Weihnachten ist das Fest der »Grenzüberschreitung« Gottes: Die ersten »christlichen« Grenzüberschreiter sind die Sterndeuter, die aus dem Osten zur Krippe kommen. Doch auch sie klinken sich letztlich nur in die Bewegung ein, die seit Weihnachten von Gott selbst ausgeht: Er, der Ewige tritt ein in die Zeit, überwindet den unüberwindlichen Abgrund, überschreitet die Grenze zwischen Gott und Geschöpf und wird Mensch. Weihnachten ist die »Epiphanie« (Erscheinung) des grenzüberschreitenden, des entgrenzenden Gottes.

Die Reaktion des Herodes lässt schon ahnen, dass dies auch heftige Gegenbewegungen auslösen wird: Wenn der allmächtige Gott uns seit Weihnachten so greifbar nahe ist, wird alle irdische Macht relativiert, sind menschliche Grenzziehungen zwischen oben und unten, reich und arm, mächtig und schwach in Gefahr. Von dieser Umkehrung hatten die Propheten Israels gesprochen:

> Auf, werde licht, denn es kommt dein Licht
> und die Herrlichkeit des Herrn
> geht leuchtend auf über dir.

Denn siehe, Finsternis bedeckt die Erde
und Dunkel die Völker,
doch über dir geht leuchtend der Herr auf,
seine Herrlichkeit erscheint über dir.

Jesaja 60,1–2

Wenn die Exegeten recht haben, sind diese Trost-
worte aus dem Buch des Propheten Jesaja gegen Ende
der babylonischen Gefangenschaft oder kurz nach der
Heimkehr des Volkes Israel nach Jerusalem und Juda
verfasst worden. Die Entmutigung und Depression der
kleinen Schar war selbst nach der Beendigung des Exils
noch gewaltig. Was muss in dieser Situation der Text
des Jesajabuches in den Herzen seiner Hörer ausgelöst
haben! Die Prophezeiung will Mut machen, der Zu-
spruch will die in den Staub getretene Würde wieder
zurückgeben. Aus dem gebeugten Gang wird wieder
die aufrechte Haltung: »Blick auf und schau umher:
Völker und Könige versammeln sich und kommen zu
dir ... Du wirst es sehen, und du wirst strahlen, dein
Herz bebt vor Freude und öffnet sich weit« (Jesaja
60,4a.5).

Es ist genau die umgekehrte Haltung zu der in der
Gefangenschaft. Statt Abkapselung, Einigelung, Ab-
schottung nun Entgrenzung und Weite: die Stadt,
deren Tore offen sind für den Reichtum der gesamten

Welt. Diese Weite ist nicht selbstgemacht, sie ist Gottesgeschenk.

Die Wallfahrt der Völker zum Gott Israels: Für die ersten Christen ist sie Wahrheit geworden in der Gemeinde Jesu, in der die Grenzen zwischen Juden und Heiden aufgehoben sind:

> Jetzt aber ist es seinen heiligen Aposteln und Propheten offenbart worden: dass nämlich die Heiden Miterben sind, zu demselben Leib gehören und an derselben Verheißung in Christus Jesus teilhaben durch das Evangelium.
>
> Epheser 3,5b–6

Die Botschaft des Evangeliums gilt nicht nur den Juden, sondern allen Menschen. Das war die große Erkenntnis der ersten Christengeneration und es war der Lebensauftrag des Apostels Paulus. Ohne diese Entgrenzung wäre die Kirche eine kleine jüdische Gemeinschaft geblieben, niemals Weltkirche geworden. Dass die Apostel den Mut dazu hatten, war die Wirkung des Pfingstgeistes. Der Geist Gottes war es, der sie beflügelte, die althergebrachten Grenzen zu überschreiten. Doch das ging nicht über Nacht. Man kann es in der Apostelgeschichte nachlesen: Die Apostel haben auf dem ersten »Konzil« der Kirche um die Entscheidung gerungen, die Gemeinde Jesu auf die Heiden hin zu weiten (Apostelgeschichte 15,1–35). Denn der Geist Gottes weitet aus, ermutigt, Grenzen zu überschreiten. Aber er überrennt nicht, zwingt nicht, zerbricht nicht.

Mit Herz und Verstand an einen solchen Gott zu glauben, hat Folgen. Ich werde an diesen Gott, der Grenzen hinter sich lässt, um uns zu mehr Leben und Gemeinschaft zu führen, nicht aufrichtig glauben können, wenn ich mich nicht selbst in Bewegung bringen lasse, Grenzen überschreite in Richtung auf mehr Leben und Gemeinschaft hin. Wie oft verschanze ich mich aus Ängstlichkeit, Unsicherheit, Enttäuschung oder gar Misstrauen in meinem begrenzten Lebenshaus und nehme mir selbst die Luft zum Atmen? Aber das Faszinierende des christlichen Glaubens ist gerade, dass er immer wieder herauslockt aus der Enge des eigenen Lebens in die Weite Gottes selbst!

Der an Weihnachten unter uns erschienene Gott und der weihnachtlich glaubende Mensch sind Wesen der Entgrenzung und Weite – *katholisch* im ursprünglichsten Sinn des Wortes: »allumfassend«. Von solch weihnachtlichen Menschen erzählt folgende Geschichte:

Ein Mann hatte zwei Söhne, und als er starb, bekamen beide die Hälfte seines Landes. Der eine Sohn war reich, aber er hatte keine Kinder, der andere hatte sieben Söhne und er war arm.

In dieser Nacht konnte der reiche Sohn nicht schlafen. Mein Vater hat sich geirrt, dachte er, denn ich bin reich, aber mein Bruder ist arm und hat kein Land für so viele Söhne. Und er stand auf und machte sich auf den Weg, um noch vor Morgengrauen die Grenzpfähle zu versetzen.

Auch der arme Sohn lag in dieser Nacht wach. Mein Vater hat sich geirrt, dachte er, denn ich habe meine sieben Söhne, aber mein Bruder ist einsam … Und er stand auf und machte sich auf den Weg, um noch vor Morgengrauen die Grenzpfähle zu versetzen. Als der Tag anbrach, begegneten sie einander.

Ich sage euch, an dieser Stelle wird die Stadt des Friedens entstehen.

Huub Oosterhuis

Anmerkungen

S. 18   *Es gibt einen Bericht:* vgl. Nossrat Peseschkian, Erschöpfung und Überlastung positiv bewältigen, Stuttgart 2003, 16.

S. 26   *Diese Woche war in vieler Hinsicht sehr bewegt:* Aus einem Brief Alfred Delps an Luise Oestreicher vom 17. November 1944, zit. nach: Alfred Delp, Gesammelte Schriften. Herausgegeben von Roman Bleistein, Bd. 4 © Verlag Josef Knecht, Frankfurt am Main 1984, 25f.

S. 62f   *Du Gott der Anfänge:* Nach einem alten irischen Segenswunsch. Quelle unbekannt.

S. 65   *in eine noch nie dagewesene Dunkelheit gestürzt:* Franz Kamphaus, Wenn Gott uns in die Quere kommt. © Verlag Herder GmbH, Freiburg im Breisgau 2001, 29.

S. 66   *Höhle, Grotte, Nacht:* Franz Kamphaus, Wenn Gott uns in die Quere kommt. © Verlag Herder GmbH, Freiburg im Breisgau 2001, 28.

S. 68   *Gott kennt den ganzen Weg:* Dietrich Bonhoeffer, Meditation zu Psalm 119,3 (1939/40), in: Ders., Illegale Theologenausbildung: Sammelvikariate 1937–1940. © 1998, Gütersloher Verlagshaus, Gütersloh, in der Verlagsgruppe Random House GmbH.

S. 73   *zum einen die Überwältigung durch ein Werk:* Joachim Fest, Ich nicht. Erinnerungen an eine Kindheit und Jugend, Reinbek bei Hamburg 2006, 242.

S. 76–78   *Wenn wir in Santa Maria degli Angeli ankommen:* Aus dem achten Kapitel der »Fioretti«, zit. nach: Die Blümlein des heiligen Franziskus. Aus dem Italienischen von Rudolf C. Binding. © Insel Verlag Frankfurt am Main und Leipzig 1973, 33f.

S. 90   *Eine Frau beobachtete an einem Fluss:* Die von Willi Lambert erzählte Episode findet sich auch wiedergegeben in der Arbeitshilfe 185 der Deutschen Bischofskonferenz: »Der pastorale Dienst in einer Zeit der Aussaat«, Bonn 2004, 149

S. 91   *Ich setzte den Fuß in die Luft, und sie trug:* Hilde Domin, Gesammelte Gedichte. © S. Fischer Verlag GmbH, Frankfurt am Main 1987.

S. 99   *Nicht, mächt'ger Schöpfer, lasse so geschehn:* Georg Kaiser, »Flehruf«, in: Ders., Werke. Hg. von Walther Huder. Vierter Band: Filme. Romane. Erzählungen. Aufsätze. Gedichte © 1978 Propyläen Verlag in der Ullstein Buchverlage GmbH, Berlin, 926.

S. 103   *Wird Christus tausendmal zu Bethlehem geborn:* Angelus Silesius, Cherubinischer Wandersmann. Hg. von Georg Ellinger, Halle an der Saale 1895, I, 61.

S. 116   *In einem Interview vor einigen Jahren:* vgl. Paulinus 52/1999, 8.

S. 134f   *Ein Mann hatte zwei Söhne:* Huub Oosterhuis, Du bist der Atem und die Glut. © Verlag Herder, Freiburg im Breisgau ⁴1996.

Bibelstellenverzeichnis

Personenverzeichnis

Zum Autor

Bischof Dr. Stephan Ackermann

© Bistum Trier

geboren 1963 in Mayen in der Eifel, Studium der Theologie in Trier und Rom, 1987 in Rom zum Priester geweiht, 1989 Lic. theol. (Päpstliche Universität Gregoriana), 2000 Dr. theol. (Phil.-Theol. Hochschule Sankt Georgen/Frankfurt am Main), 1989–1991 Kaplan in Bad Breisig, 1991–1998 Subregens am Bischöflichen Priesterseminar in Trier, 1996–1999 Domvikar an der Hohen Domkirche Trier, danach Regens und Dozent für Spirituelle Theologie im Seminar »Studienhaus St. Lambert« in Lantershofen, 2006 Ernennung zum Weihbischof durch Papst Benedikt XVI. und Bischofsweihe durch Bischof Dr. Reinhard Marx, Mitarbeit in verschiedenen Kommissionen der Deutschen Bischofskonferenz, 2009 Ernennung zum Bischof von Trier durch Papst Benedikt XVI. und Amtseinführung als Bischof von Trier, 2010 Ernennung zum Beauftragten der Deutschen Bischofskonferenz für alle Fragen im Zusammenhang des sexuellen Missbrauchs Minderjähriger im kirchlichen Bereich, 2012 Berufung in den Päpstlichen Rat »Justitia et Pax« durch Papst Benedikt XVI.

Der bischöfliche Wappenspruch von Dr. Stephan Ackermann lautet »In lumine tuo, Domine« und weist auf den Vers Psalm 36,10: »Denn bei dir ist die Quelle des Lebens, in deinem Licht schauen wir das Licht.«

Neue Weihnachtstexte von Andrea Schwarz

**Andrea Schwarz
Gib dem Engel eine
Chance!**
Gedanken und
Geschichten zu
Weihnachten
160 Seiten | Gebunden
mit Leseband
ISBN 978-3-451-32681-3

In der ihr eigenen Sprache, ehrlich und anrührend, findet
Andrea Schwarz neue Wörter, Symbole, Farben für
Advent und Weihnachten. Manchmal zum Schmunzeln,
manchmal leise, aber immer zum Leben einladend. Ein
Begleiter durch die weihnachtliche Zeit, um das Eigentli-
che von Weihnachten wieder zu entdecken.

In jeder Buchhandlung

HERDER
Lesen ist Leben

www.herder.de

Das Bibel-Jahreslesebuch

Ein Bibelwort für jeden Tag
Mit Impulsen von
Anselm Grün, Margot
Käßmann, Henri Nouwen,
Andrea Schwarz, Pierre
Stutz, Jörg Zink und
vielen anderen
400 Seiten | Halbleinen
mit Leseband
ISBN 978-3-451-32398-0

Für jeden Tag ein Bibelwort, mit einem kurzen Impuls.
Im Lauf des Jahres führt das Buch durch die ganze
Bibel: Es enthält Worte aus jedem biblischen Buch und
allen 150 Psalmen. Die Texte zeitgenössischer spiritu-
eller Autorinnen und Autoren erschließen die biblische
Botschaft für unsere Gegenwart.

In jeder Buchhandlung

HERDER
Lesen ist Leben

www.herder.de

Bibelzitate folgen der Einheitsübersetzung der Heiligen Schrift
© 1985 Katholische Bibelanstalt Stuttgart

© Verlag Herder GmbH, Freiburg im Breisgau 2013
Alle Rechte vorbehalten
www.herder.de

Umschlaggestaltung: Guter Punkt, München
Umschlagmotiv: Beate Heinen, Leuchtturm-Maria (1973)
© Beate (Felicitas) Heinen
Satz: Stefan Weigand, wunderlichundweigand.de

Herstellung: CPI – Clausen & Bosse, Leck

Printed in Germany

ISBN 978-3-451-32697-4